DU

PONT DES ARTS

AU

PONT DE KEHL

A LA MÊME LIBRAIRIE

OUVRAGES D'ALFRED DELVAU

DICTIONNAIRE DE LA LANGUE VERTE

Nouvelle édition, conforme à celle revue par l'auteur et augmentée d'un **Supplément** par Fustier. 1 beau volume grand in-16, sur papier vergé. . . . . . 15 fr.

Exemplaire sur papier de Japon ou sur Chine . . 25 fr.

LES HEURES PARISIENNES

1 beau volume grand in-16 sur papier vergé, illustré de 25 eaux-fortes et du portrait de Delvau. Prix. . 12 fr.

Exemplaires sur papier Whatman, avec double suite des figures. Prix . . . . 25 fr.

LES COCOTTES DE MON GRAND-PÈRE

Le Fumier d'Ennius, illustrations et eaux-fortes de Marais. 1 volume in-18, de la *Bibliothèque illustrée.* 5 fr.

Il a été tiré 50 exemplaires sur papier de Hollande, tous numérotés au prix de . . . . 10 fr.

LES AMOURS BUISSONNIÈRES

1 volume de la collection des *Auteurs célèbres*. Prix. » 60

MÉMOIRES D'UNE HONNÊTE FILLE

1 volume de la collection des *Auteurs célèbres*. . . » 60

LE GRAND ET LE PETIT TROTTOIR

1 volume de la collection des *Auteurs célèbres*. » 60

Envoi franco contre mandat ou timbres.

EMILE COLIN. — Imprimerie de Lagny.

ALFRED DELVAU

DU

PONT DES ARTS

AU

PONT DE KEHL

(REISEBILDER D'UN PARISIEN)

PARIS
C. MARPON ET E. FLAMMARION, ÉDITEURS
RUE RACINE, 26, PRÈS L'ODÉON

DU PONT DES ARTS

AU

PONT DE KEHL

A M. Alfred Delvau, propriétaire, quai Malaquais, n° 1, à Paris.

Ville-d'Avray, 8 juillet.

« Cher compaignon,

« Je suis prêt ; et toi ?

« Voici mon costume : casaque en velours violet, à brandebourgs argentés ; escarpins de drap d'or ; houseaux Louis XV historiés et montant jusqu'au milieu des cuisses ; toque de zibeline, ombragée de plumes de cygne noir ; chemise brodée ; bagues plein les doigts — même aux pieds — à l'instar de ce fameux général polonais-belge dont j'ignore le nom, et que l'on voit se promener à Paris depuis deux ans, les mains derrière le dos et un foulard dans les mains.

« Si mon équipage te fait envie, dis-le : je commanderai le pareil aux fées — du *Petit Matelot*.

« Alphonse Daudet.

« P. S. — Dis donc. J'ai un ami, poète, beau, brave, bon, gai, pas trop grand. Il s'appelle Chevrié, — Jean Chevrié. Des vers admirables ! Et puis, des chansons de pays, c'est lui qui nous en chanterait tout le long de la route pour nous faire marquer le pas et doubler les étapes ! Il demande à nous accompagner. J'ai refusé jusqu'à ce jour. Toi, qu'en penses-tu ?

« Réponse, s. v. p.

« A. D. »

A M. Alphonse Daudet, rentier, rue du Boys,
à Ville-d'Array.

Paris, 8 juillet au soir.

Bachaumont en veut à l'ami Chapelle...
Nous serons donc trois au lieu d'être deux ?
Faut-il, cher ingrat, que je te rappelle
Le refrain connu du *Bois de Bagneux* ?

Et le vers fameux du nommé Virgile
— *Numero DEUS impare gaudet* —
En qui je croyais comme en l'Evangile,
Tu n'y crois donc plus, toi, monsieur Daudet !

A deux nous étions impairs à merveille.
A trois nous serons... trois, j'en ai bien peur !
Tu me la fais là, compère, *à l'oseille*,
Et ton post-scriptum me plonge en stupeur.

Ah ! ton Chevrié ! Qu'il garde ses chèvres
Sur le mont aimé des Muses, ses sœurs,
Qui laissent couler de leurs chastes lèvres
Des mots tout remplis d'austères douceurs.

Car c'est un poète... Encore un poète !
Paris est-il donc pavé de ces fous ?
J'entrevois d'ici la drôle de tête
Que je m'en vais faire au milieu de vous !

Vous ronronnerez la langue divine
De monsieur Nadaud et de Desnoyers,
Tandis qu'avec mon — français de cuisine
Je m'informerai du prix des loyers.

Vous voltigerez sur les hautes herbes ;
Je me traînerai le long des sentiers.
Vous boirez l'amour aux sources superbes,
Et moi dans la vase où vont les rouliers.

Les dames pour vous ! Pour moi, les donzelles !
Si je suis trop laid, vous êtes trop beaux...
Il vous faut choisir ; prêtez-moi vos ailes,
Ou bien, comme moi, mettez des sabots.

« Un compagnon de voyage présenté par toi ne peut être qu'un compagnon de choix. Il suffit que M. Chevrié soit ton ami pour être le mien durant tout le temps de notre excursion rhénane — et même après, si cela lui convient : cela me conviendra de même. Dis-lui cela dans ton langage de poète qu'il comprendra mieux que le mien.

« Ton — votre

« Alfred Delvau.

« *P. S.* — Si je suis prêt ? Attends ! Après-demain soir, à huit heures un quart, je serai dans la gare du chemin de fer de Strasbourg, mon ticket à la main et mon sac sur le dos. Ah ?...

« A. D. »

I

EN GARE

Lundi soir, 10 juillet.

Je regrette la cour des messageries de la rue Montmartre ! Il y avait du bruit, de l'animation, du pittoresque. Le piaffement des chevaux sur les pavés, le tintement de leurs grelots, les embrassades des grands parents, les baisers furtifs des petits amoureux, les recommandations naïves, l'appel du conducteur, tout cela avait une couleur, une poésie, un charme que l'on chercherait en vain dans cette vaste et froide salle des Pas-Perdus, où les voyageurs ressemblent à des ombres. Aujourd'hui un voyage n'est plus un événement, comme autrefois ; on part pour Berlin sans plus d'émotion que pour Enghien. Ah ! le Progrès ! le Progrès ! quel monstre !

Je suis fâché d'avoir à me considérer comme un simple colis de première classe, mais je ne suis en vérité que cela. Je me promène au milieu des autres colis de seconde et de troisième, dans la salle des

Pas-Perdus — la bien nommée ! — attendant qu'il plaise à mes deux chers compagnons de route de venir me rejoindre. Il est huit heures un quart. Toujours en retard, ces poètes !

A propos : comment est-il son Chevrié, à Daudet ? Quoi que je lui en aie écrit en prose, mon sentiment en vers persiste : je me contente des amis que j'ai et n'en veux pas avoir d'autres, — mon cœur n'étant point assez gamelle pour nourrir beaucoup d'affections à la fois. La présence de ce tiers va jeter un peu de froid sur nos premières étapes. Si Daudet, qui est distrait autant que myope, pouvait avoir oublié de prévenir M. Jean Chevrié !... Quel cierge je lui brûlerais en arrivant à Strasbourg !

Huit heures vingt ! Dans trois minutes il sera trop tard. Je commence à croire qu'au lieu d'être trois, comme je le redoute tant, je vais être seul, — ce que je redoute davantage. Seul avec moi ! Qu'est-ce que je pourrais donc bien me dire pour me distraire, moi, le plus silencieux et le plus réservé des mortels ?...

Mais voici l'auteur de la *Dernière Idole*, il n'a pas de casaque en velours violet, à brandebourgs argentés ; ses escarpins de drap d'or sont de grosses bottines de chasse — jaunes, il est vrai ; un Pinaud et Amour en feutre gris remplace la toque de zibeline ombragée d'une plume de cygne noir ; une chemise de flanelle, de couleur tendre, joue le rôle de la chemise brodée — comme Mme Clarisse Miroy ceux de Marie Dorval ; les doigts des mains sont ornés, en guise de bagues, de courroies au bout desquelles pend une couverture de voyage chargée de faire l'office de malle. En revanche, Daudet est seul.

— Et Chevrié? lui ai-je demandé.

— Chevrié ne vient pas : tes vers l'ont effrayé...

— Il y avait de quoi !...

De quels éléments bizarres, incohérents, est composé notre esprit ; Tout à l'heure je faisais des vœux pour que notre troisième compagnon ne vînt pas, et maintenant qu'il n'est pas venu j'en suis chagrin. Il en est peut-être de certaines antipathies comme de la balle invisible qui tue le mandarin : peut-être *portent*-elles — à l'insu de celui qui vise comme à l'insu de celui qui est visé...

— Tâchons d'avoir des coins! me crie Daudet, qui se précipite dans la gare, sans m'attendre.

En effet, en chemin de fer, il n'y a plus d'amis, il n'y a que des coins! Ce cri égoïste est de Nadar ou de Mürger, — peut-être des deux.

Je me précipite à l'assaut des coins!

EN WAGON

Nous roulons vers Strasbourg avec la vitesse qu'on connaît aux trains express.

Cette vitesse est brutale. On voudrait revenir sur ses pas pour voir encore une fois quelqu'un qu'on n'a point assez vu, — parce qu'il est de ces chers visages dont on a toujours soif et faim ; on voudrait retourner, on voudrait descendre : le train express ne le veut pas! Cette aveugle et féroce machine — bien plus « buveuse d'air » que les cavales arabes, — elle court, elle vole, elle vous entraîne comme une trombe, avec des sifflements aigus et des mugissements sinistres. Si Burger ressuscitait, il referait sa ballade et chanterait — en allemand : « Hurrah ! les vivants vont vite ! » Je regrette la diligence. Au moins avec la diligence, on n'était pas toujours sûr d'arriver à destination, et, en tous cas, on y mettait le temps. A chaque montée, les hommes descendaient, quelquefois aussi les « dames », pour se dégourdir les jambes, et l'on profitait de l'occasion pour nouer des relations qui avaient bien leur charme, quelque éphémères qu'elles fussent, — et précisément parce qu'elles étaient éphémères. Et puis, c'étaient les relais, avec le clic-clac du fouet, les jurons des garçons de poste, les gros rires des servantes, le petit doigt de vin et le petit doigt de cour, — la menue monnaie des jouissances humaines, des commencements d'ivresse, des ébauches de débauche... Ah ! la servante d'auberge réveillée à deux heures du matin et apparaissant souvent

.... Dans le simple appareil
D'une grasse beauté qu'on arrache au sommeil !

Je ne la poétise pas, — elle est réfractaire à la poésie, — mais je me souviens de ce petit coin de chairs capitonnées qu'elle laissait si volontiers voir, sachant que ceux qui le voyaient allaient passer et ne reviendraient plus... Elle était laide souvent, mais, à la faveur des ombres de la nuit, elle paraissait presque jolie, et, en tous cas, appétissante... Ah ! la servante d'auberge !... Ah ! toutes ces choses disparues avaient leur charme aussi ; par quoi les a-t-on remplacées ? Allez donc, aujourd'hui, essayer d'aimer votre voisine ! A peine avez-vous le temps de lui dire le mot des hommes et des dieux, que vous êtes arrivé ! Vous avez fait cent lieues sur les rails, et pas le plus petit kilomètre dans son cœur... Qu'on me ramène aux diligences!

Nous *brûlons* une foule de stations plus ou moins importantes : Bondy, célèbre par ses brigands autrefois, et aujourd'hui par son dépotoir; — Le Raincy, célèbre par son beau parc, que la Bande Noire a morcelé au profit des bonnetiers, des employés, des gens qui, n'ayant pas de quoi payer leur terme à Paris, veulent être propriétaires à la campagne; Chelles, célèbre par son abbaye de benédictines, dont fut abbesse Louise-Adélaïde de Chartres, une fille du Régent, qui vivait en garçon; — Meaux, qu'illustrèrent Bossuet et Bilboquet, un « aigle » et un saltimbanque...

— A propos, dis-je à Daudet au moment où nous passions devant cette station que le grotesque dispute au sublime; à propos, cher ami, sais-tu l'*impair* que fit ici le grand orateur sacré?...

— Quel impair? me demande l'auteur d'une *Double Conversion*, qui, en sa qualité de poète, ne connaît pas un seul mot de la langue verte.

— Voici : Bossuet était éloquent, très éloquent, un orateur de génie enfin! Je ne t'apprends rien de nouveau en te disant cela. Mais peut-être t'apprendrai-je quelque chose en ajoutant que ce tribun sacré, que tout Paris — le Paris délicat et raffiné — courait entendre et admirer, n'était plus compris par personne à Meaux, où il prêchait dans le désert? Était-ce la grandiloquence de son style qui en faisait l'insupérabilité? Était-ce à cause de l'oppilation du cerveau des habitants du diocèse de Meaux? Était-ce...

— Imagine l'*Hamlet* de Shakespeare ou le *Faust*

de Gœthe joués sur le théâtre de Saint-Marcel, a répondu Daudet.

J'imagine : Gœthe et Shakespeare feraient en effet une singulière salade dans la cervelle des braves ouvriers du *faubourg souffrant*...

Après Meaux, nous passons sous le tunnel d'Armentières et nous franchissons la Marne pour la seconde fois. Voici la Ferté-sous-Jouarre, patrie de la marquise de Pompadour, et première station du Calvaire de Louis XVI, — retour de Varennes. Les pierres ne m'intéressent qu'à cause de la mousse qu'y ont mise les souvenirs : c'est à cause de ce séjour d'un instant qu'y fit *Capet*, que je songe au château de l'Ile. On m'a dit que c'était un joli spécimen de l'architecture de la Renaissance : cela ne me touche que médiocrement. Je ne veux songer qu'à cette halte du roi fugitif dont, à dix-huit mois de là, la couronne devait tomber avec la tête, — une bien lourde couronne pour une si faible tête !

C'est comme Château-Thierry. Pourquoi ce nom me fait-il rêver ? C'est parce que je me rappelle La Fontaine, que La Fontaine me rappelle madame de la Sablière, et que madame de la Sablière me rappelle mon premier amour... C'est à Château-Thierry qu'elle vint, avec la petite troupe de comédiens nomades, dont elle était l'*Étoile* et dont j'étais le *Destin*... Ah ! qu'elle est triste, cette page de mon *Roman Comique !*

— Te serais-tu douté que j'ai été comédien ? ai-je demandé à Daudet.

— Comédien ? toi !...

— Oui, pendant une soirée. Je n'aimais pas la comédie, j'aimais la comédienne. *Elle* débutait, je débutais comme elle... On lui jeta des fleurs... on m'accabla de pommes crues... Je jouais pourtant au naturel, mon rôle d'amoureux, — avec trop de naturel, peut-être, avec trop de flamme... J'étais ridicule par excès de passion... Sifflé devant elle! sifflé pour elle, comprends-tu ?

— Gérard de Nerval a raconté quelque chose comme cela, si je ne me trompe?...

— Tu ne te trompes pas. Mais qu'est-ce que cela prouve, sinon que les hommes ont des aventures similaires...? Si j'étais venu en littérature avant Gérard au lieu de venir après lui, j'aurais raconté le premier les infortunes de *l'illustre Brisacier*... Comme je suis venu après lui, je m'abstiens.

— Je sais ce qu'est devenu *Destin;* mais qu'est devenue l'*Etoile ?...*

— C'est simple comme bonjour, mon ami. Elle avait du goût pour le cabotinage, elle cabotina ; de Château-Thierry elle alla à Montmartre, de Montmartre au Théâtre-Historique, et du Théâtre-Historique à Saint-Pétersbourg — d'où elle n'est pas revenue, d'où elle ne reviendra plus jamais...

A la station de Dormans — le nom est bien choisi ! — nos quatre voisins de compartiment, qui avaient trouvé bon de s'endormir en sortant de l'embarcadère, se réveillent comme un seul homme et se mettent à parler comme huit. Deux d'entre eux entament en anglais une discussion dépourvue du plus vif intérêt; les deux autres se racontent en français leurs amours d'antan.

Quel français et quelles amours ! Nous ne comprenons pas un mot de la conversation des enfants de la « perfide Albion », et nous voudrions bien pouvoir en dire autant des enfants de la joyeuse Gaule — en ce moment plus perfide que l'Angleterre. C'est indécent de se déshabiller ainsi le cœur en public, de se secouer ainsi mutuellement ses bonnes fortunes sur la tête ! Et puis, ce n'est pas charitable; car, enfin, parler d'appétissants soupers devant des gens qui ont fait vœu, en quittant Paris, de jeûner tout le long, le long de leur voyage...

Daudet et moi, nous ne pouvons plus « échanger nos idées », — ni même avoir des idées... La niaiserie de mes voisins m'envahit, je me laisse mouiller par la pluie de leurs inepties, et je propose une partie de *piquet-voyageur* à mon cher compagnon, assez mouillé lui-même pour l'accepter.

Nous jouons. Nos voisins nous *écoutent* jouer : il paraît que notre ineptie les intéresse plus que les leurs propres. Daudet perd. Il a joué mollement, je l'avoue.

— Mon cher ami, lui dis-je, faisons semblant de dormir et ne nous réveillons qu'à Strasbourg, veux-tu ?

— Hélas ! je le voudrais ! mais le marchand de sable n'est pas encore passé.

— Je te demande pardon. Bonsoir !

— Tu as le piquet-voyageur cruel, mon ami...

A Nancy, le train s'arrête : il y a buffet ! Monselet tressaille toujours à ce mot magique, si rassurant pour les estomacs en peine. Daudet et moi, qui sommes de petits mangeurs — surtout lorsque nous avons déjà dîné, — nous dansons devant le buffet pour nous dégourdir les jambes. Le mois de juillet est chaud — mais les nuits de juillet sont fraîches.

En remontant en wagon, je trouve installée à ma place, dans mon coin, une jeune dame ; du moins je me plais à la supposer jeune. Elle en a l'air, d'abord ; ensuite, son voile baissé autorise toutes les suppositions. Pourquoi, puisque j'ai le choix, irais-je m'aviser de la croire laide et vieille?

Je m'installe à côté de l'usurpatrice, qui ne tarde pas à s'endormir. Déjà ?...

Daudet a l'air de m'en vouloir d'avoir une voisine, qui lui paraît à lui — myope — plus jolie qu'à moi très voyant. Il a peut-être raison. Plus je l'examine, cette voisine improvisée, plus je suis de l'avis de mon voisin. Elle a une toilette simple, mais qui trahit le goût raffiné d'une Parisienne. Est-ce donc une Parisienne? Elle est montée à Nancy, le Paris des Lorraines, comme Paris est le Nancy des Parisiennes. Une Lorraine! Ce simple mot me rend tout songeur... Un vieux dicton me revient à l'esprit et me fait venir l'eau à la bouche... La réputation qu'on fait aux compatriotes de madame de Graffigny et de mademoiselle Raucourt, bien loin de leur nuire auprès de moi, leur est au contraire un excellent passe-port. Plus les femmes sont... femmes, et plus je me sens homme. Instinctivement, je me rapproche de ma voisine, dont le contact me fait tressaillir des pieds à la tête. Chacun prend son buffet où il le trouve.

Elle dort, ma belle Lorraine. Peut-être rêve-t-elle? A qui ? Je suis jaloux de son rêve — qui a peut-être des moustaches et des éperons : c'est avec cela que les hommes entrent si profondément dans le cœur des femmes — qu'ils déchirent. Pauvres chères créatures ! elles seront donc toujours séduites par ce qui brille, éperons ou épaulettes, sardines de laine ou sardines d'or?...

Malgré le rival guerrier que je me devine dans le

cœur de ma voisine, je ne crains pas de m'approcher d'elle plus près encore. Sa tête oscille à chaque mouvement de tangage du train. Bientôt, ce que j'attendais avec tant d'impatience arrive : la chère petite tête, à force d'osciller, tombe sur mon épaule... Elle sent bon comme tout, cette tête ! il s'en dégage des parfums délicieux : des cheveux, un parfum de bergamote ; de la bouche, une haleine d'enfant ; et puis... Ah ! comme je comprends la passion subite de Henri III pour Marie de Clèves !

Henri III n'était encore que duc d'Anjou. On célébrait au Louvre, le 18 août 1572, le mariage d'Henri IV (qui n'était encore que roi de Navarre) avec Marguerite de Valois, et celui du prince de Condé avec Marie de Clèves. Marie de Clèves, âgée seulement de seize ans, était une adorable princesse, *douée* — comme dit le *Journal* de l'Estoile — *d'une singulière bonté et beauté*. Belle et bonne, et seize ans ! Quel nanan que ce cerneau royal !

Donc, on célébrait de doubles noces au Louvre. Marie de Clèves avait dansé beaucoup, comme il convient à une jeune fille qui va devenir jeune femme, — la dernière pavane de la fille de Jephté... La pavane avait beau être une danse grave, une danse à queue comme les paons, elle échauffait les danseurs et les danseuses augustes comme de simples mortels. Et puis, on était au mois d'août... Marie de Clèves, fatiguée mais non rassasiée, s'était arrêtée, cherchant.....

. . . . . Un endroit écarté
Où de *changer* en paix elle eût la liberté.

Une des femmes de la Reine-Mère l'avait fait entrer dans un petit appartement où elle avait *changé* et d'où elle était sortie rafraîchie et regaillardie par ce bain de toile blanche. Après elle, derrière elle, le duc d'Anjou, en sueur aussi, était entré dans ce retrait pour rajuster sa coiffure et s'essuyer le visage. S'essuyer, avec quoi? Il avait pris le premier linge venu, — la chemise quittée, un instant auparavant, par l'adorable princesse. Il tressaillit — comme je tressaille moi-même en ce moment dans l'atmosphère acétisée de ma voisine — et, une fois rentré dans le bal, chercha, jusqu'à ce qu'il l'eût trouvée, l'enivrante Marie de Clèves dont il devint éperdûment amoureux, lui qui jusque-là n'avait fait nulle attention à elle...

Histoire triviale et charmante!

Combien de temps dura le charme sous lequel me tenaient les parfums délicieux émanés de ma voisine, la jolie Lorraine? Je l'ignore. Le temps passe vite quand on est heureux, — et on n'a pas beaucoup le temps d'être heureux en train express... A Saverne, il y eut arrêt, la portière de notre wagon s'ouvrit, et ma voisine, réveillée, sauta sur le quai avec une légèreté d'oiseau. Quelles gracieuses petites pattes il avait, cet oiseau, en sautant! Il faisait jour. Elle releva son voile pour avoir le visage débarbouillé par l'air frais du matin, et je m'aperçus avec épouvante qu'elle était grêlée!

Grêlée! elle était grêlée! Son amant l'est aussi peut-être, — les semblables recherchant les semblables. Oui, tous deux sont grêlés... Mais alors, au lieu d'enfants, ce sont des gaufres qu'ils doivent faire?...

Je dissimule ma confusion sous un air de mauvaise humeur que la myopie de Daudet — ou plutôt son amitié — ne lui permet pas de remarquer.

— Tu as manqué à ton vœu ! me dit-il en souriant doucement.

« Saverne ! Saverne ! » crient les conducteurs.

Saverne est dans une situation ravissante, je n'en disconviens pas. Son château épiscopal, devenu le Chaillot des veuves de fonctionnaires, est d'un fort bel aspect, je le concède volontiers ; mais tout cela ne me parle que médiocrement à l'esprit. Pour moi, Saverne n'est une ville remarquable que parce qu'un de nos confrères y est né, l'honneur de la petite presse parisienne. Robert de Bavière, c'est bien, mais Edmond About, c'est mieux. On ne s'intéresse vraiment qu'aux choses et aux gens « du bâtiment », — artiste, aux musées, — architecte, aux monuments, — commis voyageur, aux manufacturiers, — prêtre, aux églises, — soldat, aux...

Tenez, il y a deux mois, j'allais à Saint-Germain. Parmi mes voisins de compartiment étaient deux soldats, un vieux en bourgeois et un jeune en uniforme. A la station de Rueil, le vieux, saisissant le bras du plus jeune et lui montrant la caserne placée au pied du Mont-Valérien : — « Voyez-vous ! voyez-vous ! lui cria-t-il avec enthousiasme. Dans tous les environs de Paris, c'est ce qu'il y a de plus beau !... » Et Rueil dépassé, le vieux guerrier ne sonna plus mot et regarda d'un œil froid les verdoyants côteaux de Louveciennes et de Marly. La littérature, c'est notre caserne, à nous !

La vue de la ravissante vallée de la Zorne me met un peu de baume dans l'âme. J'oublie ma décevante Lorraine, j'oublie Marie de Clèves, j'oublie Edmond About, j'oublie le vieux guerrier de la station de Rueil, j'oublie tout — et je regarde par la portière. Il y a là-bas, au bout de mon regard, au pied d'une montagne, un fouillis d'arbres et de maisonnettes où il me semble qu'il doit faire bon vivre — à deux. Pourquoi ne suis-je pas là-bas, dans une de ces pittoresques maisons encadrées de verdure, au lieu d'être ici, dans ce compartiment de wagon encadré de têtes de commis voyageurs qui dorment la bouche ouverte?... Ah! la vie se passe ainsi à regretter de ne pas avoir et d'avoir! c'est bête.

— Ah! j'aperçois la flèche de Strasbourg! s'écrie un des commis voyageurs en s'étirant à se démancher les bras et en bâillant à se démancher la mâchoire.

II

LES GARÇONS DES BRASSERIES ALSACIENNES

Mardi 11 juillet.

Il y a une demi-heure que nous sommes dans la ville du houblon en canettes et des cigognes en cheminées, dans la ville qui fut le berceau de Kléber — et de l'imprimerie : à Strasbourg, enfin.

Strasbourg ! Je ne pensais pas que je viendrais jamais aussi loin, — moi, Parisien casanier, préférant le ruisseau de la rue Mouffetard, mon Rhin natal, au *pater Rhenus*, le ruisseau natal des Alsaciens et des Badois. Ainsi donc je suis à Strasbourg !... C'est singulier, mais je n'éprouve pas d'enthousiasme. A quoi cela tient-il? Je n'en sais rien, mais l'enthousiasme ne vient pas. J'interroge là-dessus mon compagnon :

— Je voudrais bien faire mes ablutions matutinales, me répond-il.

— Moi, je boirais bien quelque chose.

Nous cherchons des yeux un café, ou plutôt une brasserie. Car, pour un hôtel, nous n'y voulons pas songer. Nous n'avons pas fait 500 kilomètres dans une boîte pour aller nous renfermer dans une autre boîte. Il nous faut de l'air, de l'espace. Nous ne sommes plus des Parisiens, nous sommes des oiseaux : nos ailes sont à nos talons, comme celles de Mercure.

— Je vous recommande la *Brasserie du Dauphin!* nous avait dit un buveur de bière du Café de Madrid.

— Non! non! la *Brasserie du Griffon* vaut mieux! nous avait dit un autre buveur.

Je n'aime pas les recommandations, parce que je les oublie toujours. On m'a recommandé aussi de ne pas manquer à voir la cathédrale, à l'intérieur et à l'extérieur, — à l'intérieur à cause de l'horloge astronomique de M. Schwilgué, de la chaire de Jean Hammerer, des vitraux de Jean de Kirchheim, — à l'extérieur, à cause du portail du milieu, et surtout à cause du münster...

Nous n'allons ni au *Griffon* ni au *Dauphin :* le hasard de nos pas nous conduit rue du Vieux-Marché-aux-Grains, et nous entrons dans la *Brasserie alsacienne,* en ce moment vide comme un temple avant ou après l'office. Il y a des parfums de tabac et de jambon dans l'air. Quatre ou cinq garçons en robe, en bonnet et en tablier, vont et viennent, rangeant, lavant, essuyant.

— De l'eau et de la bière, s'il vous plaît! dit Daudet à l'*une* de ces garçons. De l'eau pour nous laver et de la bière pour nous rafraîchir. Ajoutez-y deux tranches de jambon et deux miches de pain.

La garçonne à qui il s'est adressé interrompt un instant sa besogne et la reprend aussitôt. Puis nous entendons des gazouilllements gutturaux qui ressemblent beaucoup à des moqueries.

— Ah cà ! sommes-nous en France ou en Huronie ! dis-je avec la mauvaise humeur d'un homme qui a soif et faim. Nous parlons le français le plus limpide, et ces... cigognes nous rient au nez ! Elles ne nous comprennent pas ! Pourquoi l'Alsace s'est-elle réunie à la France, alors ? Le traité de Munster, la paix de Nimègue, des farces ! Ce pays est allemand, très allemand, abominablement allemand, par sa *sauer-craut*, par sa *beer*, par ses *ia*, par ses cheveux, par ses pieds !... J'ai envie de retourner à Paris.

Daudet sourit, et, sans me répondre, il va au comptoir et se livre à une pantomime vive et animée. En un clin d'œil, nous avons une terrine d'eau et du savon, du jambon, du pain et de la bière. Quel orateur éloquent, ce petit Daudet ! Désormais, je le laisserai parler , cela me fera des économies de paroles pour mes vieux jours.

Réfectionnés et ablutionnés en suffisance, nous nous remettons en marche, la canne à la main et le sac sur le dos.

Singuliers garçons, dans les brasseries alsaciennes !

EFFET SINGULIER PRODUIT PAR DEUX SIMPLES VOYAGEURS

— Au Rhin ! au Rhin ! me crie Daudet.

Je lui emboîte le pas avec empressement, désireux que je suis d'échapper aux regards curieux de la population. Je n'aime pas à être l'objet de l'attention générale, — n'ayant jamais rien fait pour la mériter. Et l'on nous regarde beaucoup trop, vraiment. Serions-nous, à notre insu, changés en animaux étrangers ou en habitants de la Lune? Mais non! Daudet n'a rien d'extraordinaire, ni moi non plus, — à part ma barbe rouge et ses longs cheveux noirs, — à part aussi mon sac de soldat et sa couverture bariolée, roulée en traversin, — à part enfin nos pantalons de coutil à la zouave, c'est-à-dire emprisonnés dans des bottines jaunes lacées...

Sans le vouloir, nous venons de produire, en traversant Strasbourg à huit heures du matin, l'effet produit il y a un siècle par le noble et mystérieux étranger au long nez dont il est question dans le conte latin de Hafen Slawkenbergius (*De Nasis*) rapporté, ou plutôt inventé par Laurence Sterne. La seule différence qu'il y ait entre lui et nous, c'est qu'il était seul et que nous sommes deux, qu'il était monté sur un mulet brun et que nous sommes montés sur nos jambes. Sauf ces légers détails, même équipage. Il avait une petite valise contenant quelques chemises, une paire de souliers et une culotte de satin cramoisi — avec ce fameux accessoire à franges d'argent que Sterne n'ose pas traduire pour faire croire que c'est intraduisible; nous, nous avons un sac qui aurait pu contenir exactement la même chose si Daudet avait donné suite à ses projets de houseaux Louis XV historiés et de casaque en velours violet, à brandebourgs argentés.

La sentinelle avait questionné le noble et mystérieux étranger : il avait répondu avec la plus grande civilité qu'il venait du Promontoire des Nez, qu'il allait à Francfort et qu'il repasserait à Strasbourg dans un mois, jour pour jour, en se rendant aux frontières de Crimée. La sentinelle avait été étonnée de la dimension inusitée de son nez, et, pour faire cesser son étonnement, il avait été obligé de lui mettre un florin dans la main, puis il avait continué son chemin.

Moins généreux — parce que moins riches — nous avons continué le nôtre après avoir répondu au Strasbourgeois stupéfait qui tout à l'heure nous a demandé qui nous étions :

— Nous sommes deux princes déguisés voyageant pour se brunir le teint...

Nous marchons vers le Rhin, sans savoir, d'instinct, en suivant des chariots creusés en forme de canots et garnis de graves paysans badois qui s'en reviennent du marché. Nous devinons qu'ils retournent chez eux — où nous voulons précisément aller. Nous ne le voulions pas tout à l'heure : nous le voulons maintenant — à cause des jolies petites Badoises, les canotières des chariots. On a beau se dire qu'en dessous toutes les femmes se ressemblent, les différences de costume sont pour quelque chose dans nos différences de goût. J'aime beaucoup les Parisiennes; mais les Badoises ne sont point haïssables... Jupon court; corset de velours échancré de façon à laisser toute liberté à la gorge, prisonnière seulement sous la toile bise de la chemise; cheveux blonds comme des crêpes avec leurs grandes ailes de papillon noir; yeux bleus comme des myosotis; bouche rouge comme une guigne... Ah!

Avant de passer le Rhin, je propose une station dans le cabaret de l'*Ile des Épis*. Les gens qui sont décidés à marcher beaucoup ont besoin de s'arrêter souvent. Et puis, bien que nous tournions le dos à Strasbourg, on continue, sur la route, à s'occuper de nous plus qu'il ne nous convient. Nous entrons.

Ce qui m'a décidé, en outre, à entrer dans ce cabaret, c'est que j'ai aperçu à la fenêtre du premier étage une jeune fille et une cage. Les oiseaux et les jeunes filles m'intéressent toujours. Deux oiseaux, deux cages!

Un marronnier ombrageait l'une,
L'autre était accrochée au mur
Sur une place en demi-lune
De l'un des faubourgs de *Strasbur*.

Dans l'une jasait une femme,
Dans l'autre chantait un oiseau.
La voix de l'une allait à l'âme,
Le chant de l'autre était fort beau.

C'était une simple grisette,
Mais vive, alerte, sans souci,
Qui de tout faisait amusette,
Et qui de tout riait aussi.

C'était un rossignol sauvage
Pris, la veille, au gluau fatal,
Mordant les barreaux de sa cage
Et regrettant son bois natal.

Ah ! j'eusse payé de ma vie
Le bonheur d'être prisonnier
Dans la cage où chantait Sylvie
A l'ombre du grand marronnier !

Je voudrais bien savoir si nous préoccupons les Strasbourgeois — et surtout les Strasbourgeoises — à un si haut degré que le mystérieux étranger du conte de Hafen Slawkenbergius. Aucun de nous n'a le nez aussi volumineux que le sien, mais en réunissant celui d'Alphonse Daudet et le mien cela peut faire un assez joli proboscide.

Ce ne sont pas les réflexions de la sentinelle que je voudrais connaître, ni celles du petit tambour bancroche, ni celles de l'aubergiste ni même celles de la femme de l'aubergiste, ce sont les rêveries et les distractions que nous avons pu procurer à l'abbesse de Quedlingberg et aux quatre grandes dignitaires de son chapitre : la prieure, la doyenne, la sous-chanteresse et la première chanoinesse, récemment arrivées à Strasbourg pour consulter l'Université sur un cas de conscience relatif à la fente de leurs jupes. Et les nonnes de Sainte-Ursule, donc !...

Il paraît que j'ai parlé tout haut, car Daudet me crie ;

— Tais-toi, Spark ! la chasteté est la vertu des voyageurs, et moi aussi j'ai fait un vœu à saint Nicolas. Tes nonnes de Sainte-Ursule me font venir l'eau à la bouche... Cherche plutôt dans notre dictionanire comment on dit : « *Combien vous dois-je ?* »

J'obéis à Fantasio : je tire mon argent d'une main, mon dictionnaire de l'autre, et, m'avançant vers l'hôtesse, je lui dis avec un accent parisien qui comble de joie mon compagnon :

— *Wie viel schulde ich Ihnen?*

— Vingt-cinq centimes pour vos deux chopes, monsieur, me répond tranquillement l'hôtesse dans le plus pur français de la rue Vivienne.

— Ah !

Et je paie, puis nous partons au hasard.

NICHT !

En sortant du cabaret de l'Ile des Epis, nous nous engageons résolument sur le pont de bateaux jeté sur le Rhin comme un trait d'union — mobile — entre l'Allemagne et la France. Le vieux *pater Rhenus* mugit ; il a l'air de nous cracher au visage les *sonnets cuirassés* de Frédéric Rükert, le poète à la bouche libre (*Freimund Reinmar*), ou les injures patriotiques de Maurice Arndt, le dévoreur de Français (*Franzosenfresser*). Crache, va, crache, vieux père Rhin ! nous avons pour nous essuyer le mouchoir d'Alfred de Musset.

Nous ne sommes pas superstitieux, Daudet et moi ; mais nous avons des souvenirs classiques. Nous faisons notre offrande au fleuve en jetant deux sous sur le guichet du buraliste français et deux autre sous dans l'eau, — pour nous rendre favorables les dieux et les hommes. Au bout du trait d'union, nous apercevons à gauche un mirliton jaune et noir d'une trentaine de pieds, et à droite, assis sur le talus, dans l'attitude de la méditation la plus profonde, un soldat dont le casque est surmonté d'un paratonnerre. Pourquoi ce paratonnerre? pourquoi ce mirliton?

— Monsieur, dis-je poliment au soldat rêveur, voulez-vous avoir l'extrême obligeance de m'indiquer un café, un hôtel ou une brasserie, où nous puissions aller, mon ami et moi?

Le guerrier relève la tête, me regarde étonné, regarde le mirliton planté en face de lui, et retombe dans sa méditation.

— Toi qui es éloquent, dis-je à Daudet, parle-lui donc un peu.

— Peut-on remonter le Rhin en suivant la rive? demande Daudet en s'approchant de l'homme au casque.

Celui-ci relève la tête, regarde mon compagnon comme il m'a regardé moi-même, et retombe dans sa méditation en murmurant avec douceur :

— *Nicht!*

Nicht! Ce n'est pas là une réponse, ou, si c'est une réponse, il faut avouer qu'elle est bien insuffisante.

— Qu'allons-nous faire? Avancer dans Kehl? Ce n'est pas cela qui nous embarrasse, Kehl étant une grande rue. Mais nous ne tenons pas à entrer dans Kehl, pas plus qu'à aller à Bade. Un instant, un seul instant, ayant la caisse de l'association dans ma poche, j'ai eu le projet d'aller à la *Maison de Conversation* pour en faire sauter la banque au moyen d'une martingale infaillible de ma connaissance. Mais l'honnêteté, la prudence, je ne sais plus quoi, m'a retenu. Nous n'irons ni à Bade ni à Kehl, malgré le souvenir de Beaumarchais et de son édition de Voltaire. Nous irons ailleurs. Où? nous n'en savons rien, et au fond, nous en sommes fort aises.

En attendant, nous rétrogradons et nous retraversons le Rhin.

L'HERBE QUI ÉGARE

Vers le milieu du pont, faisant des ronds dans l'eau et la regardant philosophiquement couler, nous apercevons un personnage fantastique, moitié ombre et moitié corps, ni petit ni grand, ni gras ni maigre, ni blond ni brun, ni vieux ni jeune. C'est un guide, — du moins il s'offre à nous comme tel. Un guide ! c'est la Providence des fous qui nous l'envoie.

Nous lui demandons combien il nous prendra pour le prendre, et il nous répond qu'il y a si longtemps qu'on ne l'emploie plus et qu'il est si heureux d'avoir affaire à deux poètes aussi insouciants et aussi résignés à tout que nous paraissons l'être, qu'il ne nous prendra pas un sou, et se contentera de boire, manger et coucher là où nous boirons, mangerons et coucherons, — fût-ce à l'auberge de la belle étoile. Rien ? Ce prix étant raisonnable, nous nous empressons de l'accepter, heureux de n'avoir pas à nous occuper de notre route. Au besoin, nous pourrions fermer les yeux, puisqu'on nous conduit.

Notre guide nous fait retourner en arrière : nous voulions d'abord aller en Allemagne, nous revenons en France. Je mangerai ma grenouille une autre fois.

Nous remontons le Rhin par la rive gauche, c'est-à-dire que nous marchons parallèlement à lui, en suivant la digue, — un chemin herbu comme une prairie, silencieux comme un désert, et bordé à droite à gauche de bois où doivent abonder les sangliers. Cette rue de Rivoli verte est charmante : pas de maisons, pas de boutiques, pas de cafés, pas de journaux. Nous sommes loin de Paris, enfin !

Loin de Paris ! On ne se doute pas des jouissances infinies qui tiennent dans ces onze lettres. Être loin de Paris, ce n'est pas seulement être oublié des importuns et des bavards, camarades ou créanciers : c'est les oublier ! C'est ne plus parler — ni entendre parler — de la pièce de Chose ou de l'article de Machin, des amants de la petite Héloïse et des prétentions du gros Jules, de ceci et de cela, qui n'amuse personne ! C'est échapper à cette existence d'écureuil qui consiste à tourner chaque jour dans la même cage et dans les mêmes habitudes, à descendre de Montmartre au bureau du *Figaro* et aller du *Figaro* au café de Madrid, puis du café de Madrid chez Dinochau, puis de chez Dinochau au *Rat-Mort*, puis du *Rat-Mort* au café des Variétés, puis du café des Variétés chez Vachette, puis de chez Vachette — chez la première venue. O misère ! Maintenant, du moins, nous nous appartenons, Daudet et moi ; nous avons reconquis notre droit d'hommes que ne tient en servage aucune obligation, aucun devoir, aucune habitude. Nous avons le droit d'aller et venir à notre guise, sans redouter les censeurs, et de parler haut et ferme sans redouter la censure. O les joies inexprimables du voyage !

Ah ! chers amis de Paris, comme vous nous êtes devenus subitement indifférents !

> Que nous font à nous vos querelles
> A propos de rien et de tout ?

Vos échos sur ces « demoiselles ? »
Vos épigrammes sur About ?
Vous avez de l'esprit sans doute,
Du meilleur, — de l'esprit *sterling* :
Les bêtes avec qui je broute
En ont un beaucoup moins *shocking*.

Leur esprit consiste à se taire
De peur d'attirer les passants,
A s'entr'aimer dans le mystère
Sur des modes incandescents...
Car si les hommes et les femmes
Visant au rôle d'amoureux,
Savaient quelles ardentes flammes
Les crapauds échangent entre eux ;

S'ils savaient les longues caresses
Que se donnent les hannetons,
Ils rougiraient de leurs tendresses
Et de leurs amours de cartons,
Et, quittant leurs boudoirs moroses
Pour un brin d'herbe dans les bois,
Dans le frais calice des roses
Ils viendraient se pâmer un mois...

Ah ! ces bêtes que l'on dédaigne
Sans se douter que leur corps saigne
Et, s'il survit, reste estropié ;
Ces bêtes sont bien moins à plaindre
Que tous ces beaux messieurs bien mis
Qui besognent tant sans atteindre.
Aux bonheurs rêvés ou promis ?

De temps en temps, notre rue de Rivoli verte s'échancre à gauche du côté du Rhin que nous n'apercevons pas, mais que nous devinons. Nous faisons un crochet et nous apercevons de l'eau. De l'eau ! de l'eau ! Jean-Jacques ne s'écrie pas avec plus d'émotion : « Une pervenche ! une pervenche ! » Car nous marchons sous le soleil depuis un certain nombre d'heures déjà, et quand il n'y est pas habitué, cela altère le corps.

C'est le Rhin, du moins une éclaboussure du grand fleuve, qui coule là lentement, à travers mille méandres, sur un lit de sable et de cailloux. Nous sommes en sueur, et la plus vulgaire prudence commanderait d'attendre. Mais si nous étions prudents, nous ne serions pas fous, et, n'étant pas fous, nous n'eussions pas entrepris ce voyage pédestre. D'ailleurs, nous nous rappelons Alexandre traversant dans le même état le Cydnus glacé : nous n'hésitons pas à piquer une tête — à l'envers comme si nous étions à mille lieues des contraventions et des procès-verbaux.

Ce sacrifice fait au vieux père Rhin, nos vêtements naturels séchés au soleil, nous endossons ceux de la civilisation et nous reprenons notre route, en serrant du plus près possible la ligne du fleuve, malheureusement obstrué d'îles et d'îlots qui nous forcent à autant de crochets qu'un lièvre.

A mon estime, nous avons dû faire déjà une huitaine de lieues, davantage peut-être. Si la Belle se réjouit, la Bête maugrée : notre sommaire déjeuner à la *Brasserie alsacienne* est descendu dans nos bottes de chasse, de longues dents poussent à notre appétit — qui dévorerait en ce moment du Ponson du Terrail. Nous avons beau regarder à droite et à gauche, devant et derrière, nous n'apercevons rien qui ressemble à un village. Notre guide, interrogé par nous, reste muet en faisant un signe que nous pouvons interpréter par « j'ai trop soif! » ou par « je ne sais pas! » Je ne sais pas, moi, ce que regrette Daudet, mais il m'est impossible de ne pas songer au Café de Madrid et à Peters'Tavern...

Au moins, au Café de Madrid, Etienne ou Clovis m'apporteraient avec empressement un bock. Un bock ! quelle bonne chose — quand on a soif! Quel dommage qu'il y ait des gens de lettres autour....

Parole d'honneur! si j'avais en ce moment le tapis merveilleux à l'aide duquel Aladin se transportait d'un endroit dans un autre, j'en profiterais pour me rendre au boulevard Montmartre.

Déjà?...

Au détour d'un sentier sinueux comme une phrase de Barbey d'Aurevilly — et aussi pittoresque — apparaissent deux petites filles, bras nus et jambes nues, coupant des roseaux pour les bestiaux. Nous allons vers elles avec empressement : elles s'envolent effarouchées comme des bergeronnettes. Nous nous asseyons, découragés, au pied d'un tremble, en nous regardant à tour de rôle le blanc des yeux pour tromper notre soif et notre faim.

L'une des bergeronnettes revient furtivement, pour essayer de se familiariser avec nos visages, — je veux dire avec ma barbe rouge et avec les longs cheveux de Fantasio. Je lui demande alors de ma voix la plus paternelle.

— *Dorf?*

— *Dorf?* répète-t-elle étonnée.

— *Ia.*

La seconde bergeronnette a rejoint la première, qui lui dit tout bas :

— Ils demandent un village; c'est sans doute Neuhof...

Je fais un bond qui effarouche de nouveau les deux oiselles.

— Comment ! vous comprenez le français et vous

me laissez vous parler en allemand, une abominable langue que je ne sais pas parler ! Voilà la seconde fois que cela m'arrive aujourd'hui... On ne m'y reprendra plus !...

Pendant que je verbiage ainsi, Daudet tire quelque monnaie de sa poche et la donne à la jeune fille en lui demandant :

— Mon enfant, où est Neuhof?

— Neuhof, monsieur ? Là-bas, tout près... Si vous voulez attendre, nous vous y conduirons.

Nous attendons que la provision de roseaux soit faite et chargée sur une petite voiture à laquelle nos deux bergeronnettes s'attèlent; puis, en route ! Nous repassons avec étonnement dans quelques-uns de nos chemins, nous revenons sur nos pas, nous retrouvons la digue, la grande rue verte, que nous traversons, et, au bout d'une heure, nous arrivons dans un village d'opéra-comique, propre, coquet, empanaché de verdure, et d'une trentaine de maisons qui ressemblent à des nids. Nous allons donc trouver à boire, à manger et à coucher !

Les petites bergeronnettes, redevenues farouches, nous ont brûlé la politesse. Nous ne savons plus à qui nous adresser pour demander une auberge. Le village ressemble à celui de la Belle au bois dormant. Quoiqu'il soit tard, les habitants sont encore aux champs ou en forêt : à part les oies qui, à notre approche, sauvent le Capitole en se sauvant elles-mêmes, le village est désert. D'impatience, j'entre dans la première maison venue : c'est un cabaret ! Mais il n'y a personne que des tables Nous appelons bruyamment, une vieille femme paraît.

— Madame, lui dis-je avec autant de précipitation que de politesse, nous mourons de soif et de faim... Voulez-vous avoir l'obligeance de nous donner à boire, à manger et à coucher?...

La vieille nous regarde de travers et me répond en face, avec mauvaise humeur :

— *Nicht! nicht! nicht!*

Puis elle s'en va — sans revenir.

Nous sommes fatigués, nous nous asseyons résignés. L'horloge du cabaret, quoique de la forêt Noire, marque six heures en très bon français. Nous marchons depuis neuf heures du matin — ce qui forme un total de neuf heures — et nous ne sommes qu'à une lieue de Strasbourg! Si nous continuons de ce train-là, ce n'est pas un mois qu'il nous faudra pour faire notre excursion, ce sera un an.

— Mon pauvre Fantasio, dis-je à Daudet, il y a une légende qui pourrait bien être une vérité, celle de l'*Herbe qui égare*. Un paysan a marché par mégarde sur cette graminée enchantée, et, pendant quarante ans, il tourne autour de sa chaumière en croyant faire le tour du monde : quand il se réveille, il a les cheveux blancs, les dents absentes, des rides au front, des ruines partout, et il n'est pas plus avancé qu'au départ. Il paraît que cette herbe diabolique pousse sur les bords du Rhin, et que nous avons marché dessus ce matin, car nous ne sommes guère avancés...

— Oui, mon cher Spark, mais il reste nos cheveux, nos dents — et le reste. Nous n'avons donc aucun reproche à adresser à notre guide.

Ah ! ce guide! ce guide! pourquoi ne l'avons-nous pas laissé faire ses ronds dans l'eau !...

CELA DEVIENT LOUCHE

Nous sommes depuis un quart d'heure dans ce cabaret inhospitalier. Un homme entre orné de deux jeunes gens : le forgeron du village et ses apprentis.

— Cet homme-là a une bonne figure, il doit parler français, dis-je à Daudet.

Le forgeron nous regarde curieusement, tout en s'asseyant à une table voisine de la nôtre.

— Monsieur, lui dis-je, nous sommes des voyageurs égarés par leur guide ; nous avons soif, nous avons faim, et nous voudrions nous reposer... Ne connaîtriez-vous pas dans le village une auberge plus hospitalière que celle-ci ?

— Messieurs, répond le forgeron avec un accent alsacien que nous lui pardonnons de grand cœur, ce village n'a pas d'auberge, il n'a qu'un cabaret, celui-ci. La dame va venir, je vais lui demander pour vous à souper, car elle n'entend que l'allemand ; mais pour coucher, vous serez forcés d'aller à Strasbourg...

La « dame » revient, et avec elle son mari, un petit homme qui entend à moitié le français et avec qui, grâce au bon forgeron, nous avons fini par nous entendre tout à fait. La « dame » elle-même, après quelques mots dits en allemand, sans doute en notre faveur, par le forgeron, nous a servis avec empressement. Nous avons bu beaucoup de bière, mangé une plantureuse omelette au lard, une salade énorme, un fromage abondant, et, comme dessert, le cabaretier s'est penché mystérieusement sur nous et nous a dit :

— Fous allez afoir un lit ! che ne cuche chamais berzonne, mais che fus cucherai...

Daudet, à son tour, s'est penché sur moi :

— Ce mystère ne te semble-t-il pas *luche ?* m'a-t-il demandé.

— Très luche, ai-je répondu ; mais je préfère tout à retourner à Strasbourg ce soir...

Nous sommes installés, au premier étage, dans une chambre qui ressemble à une halle et dans laquelle les buveurs se réunissent le dimanche. Notre lit se compose de deux larges bancs à dossier, réunis, sur lesquels on a placé un matelas. La nuit est venue, une nuit claire et sereine. Par nos huit fenêtres ouvertes entrent, avec les chants des faneuses, les parfums des herbes coupées. Les airs sont mélancoliques et les parfums enivrants : je vais me coucher, laissant mon ami Fantasio rêver à sa fenêtre — d'où il voit, paraît-il, de bien jolies choses.

Mais auparavant, comme nous devons être en route demain à l'aube, et que je ne sais pas quand et comment nous pourrons écrire, je vais préparer quelques lettres, les unes destinées à rassurer quelques cœurs affectueux, trop vite alarmés par mon départ précipité, l'autre destinée à mon cher complice en Junius, dont j'ai décacheté une épistole en wagon.

« *A monsieur Alphonse Duchesne, secrétaire de la rédaction du* Figaro, *à Paris.*

Neuhof, 8 heures du soir.

Ah ! *Figaro*, comment donc faire
Pour payer ce que je te dois ?

Travailler? C'est tout une affaire!
J'ai de grands poids au bout des doigts...
Je rumine, couché sur l'herbe,
Côte à côte avec les lézards,
Dans le dédain le plus superbe
Pour les lettres et pour les arts.

Ne me parlez pas de *copie,*
De devoir et de sentiment...
Le devoir est une utopie
Et le travail un châtiment.
Ma cervelle est un honnête homme
Qui s'acquittera quelque jour;
Mais pour l'heure elle fait son somme :
Je l'ai fermée à triple tour.

« A. D. »

Les voyageurs sont des gens heureux : ils n'ont d'autre affaire que de n'en avoir pas, d'autre devoir que leur amusement. Depuis hier, Daudet et moi nous avons désormais autant d'heures de loisir que l'électeur Jean Wilhelm dont parle Henri Heine, — lequel en avait vingt-quatre par jour. C'est gentil!

III

PON FOYACHE !

Mercredi 12 juillet.

Réveillés à trois heures du matin par notre hôte et par la pluie, — l'une battant les carreaux, l'autre grattant à la porte, nous descendons dans la salle commune du cabaret, où bientôt viennent s'installer le bon forgeron et ses deux apprentis. Les ouvriers ont partout les mêmes habitudes : partout *ils tuent le ver*. Je voudrais bien savoir si le ver alsacien a la vie plus dure que le ver parisien.

Nous trinquons avec cet honnête homme, qui n'en est pas plus fier pour cela, mais qui ne croit pas déroger à sa dignité de forgeron en nous souhaitant bon voyage.

Souper et coucher, 3 francs, — un prix fabuleux ! Il faut croire cependant que l'hôte a quelques remords et qu'il s'imagine nous avoir *écorchés*, car il nous accompagne pendant une demi-heure pour nous protéger de son parapluie. Nous avons beau lui dire que nous avons un guide et que nous ne redoutons pas la pluie, il persiste, et, chemin faisant, nous apprend que Neuhof a deux églises, l'une catholique, l'autre protestante, et que la principale industrie de ses habitants est le *dressache des jabeaux de baille*. Ça meuble l'esprit, les voyages !

Notre hôte nous quitte enfin, la conscience rassurée, en nous faisant le même souhait que le bon forgeron, mais en moins bon français :

— Atieu ! Pon foyache ! » dit-il.

La pluie me rend grincheux.

— J'espère, dis-je à Daudet, qu'on ne nous souhaitera plus rien : cela nous porterait malheur !... J'ai horreur des banalités. Ce « pon foyache » me rappelle désagréablement le « portez-vous bien » des conversations parisiennes. Des gens qui se mêlent de votre santé, — et qui s'en mêlent mal, encore ! Des conversations qui ont l'air de sortir d'un Manuel anglais ou allemand ! Au lieu de vous demander : *How do you do, my dear ?* on vous demande : *Comment allez-vous, cher ?* et au lieu de répondre : *Very well, thank you*, vous répondrez : *Très bien, je vous remercie.* Ce sont des clichés... J'ai renoncé depuis longtemps à m'en servir... Un jour, sur le boulevard, je suis heurté par un de ces deux ou trois cents *amis* qu'on arrive si facilement à avoir après deux ou trois années de vie littéraire : — « Comment vas-tu ? » me demande-t-il. Précisément j'étais malade, et cela se voyait, car je rentrais chez moi pour me coucher, à midi. Je répondis : — « Mais, très mal, je te remercie. » — « Allons ! tant mieux ! » répliqua-t-il en me serrant la main pour me féliciter...

— Tu n'as pas la pluie aimable, Spark ! me dit Fantasio.

Cette remarque aussi juste qu'humiliante m'a désarmé : j'ai retrouvé mon rire des bonnes heures, et j'ai vaillamment tenu tête à mon compagnon, qui marche comme un zouave monte à l'assaut. La pluie a beau tomber, nous allons ferme et droit, faisant sonner sur le pavé, comme des clairons, nos bâtons ferrés. A Paris, je suis lambin et musard, même — et surtout — quand je suis le plus pressé, m'arrêtant devant les affiches de spectacle et les ventes d'immeubles, moi qui ne vais jamais au théâtre et qui n'aurai jamais de quoi acheter une cabane à lapins ; mais, en route, à la campagne, j'ouvre le compas tout comme un autre, je juiferrantise avec enthousiasme.

De temps en temps, malgré la pluie qui visse ordinairement le chapeau sur la tête, nous sommes salués par des caravanes d'ouvriers qui se rendent aux fabriques disséminées aux alentours de Neuhof.

— Une habitude patriarcale, qu'il est étonnant de voir subsister encore aux environs d'une grande ville ! dis-je à Daudet.

— Habitude féodale, s'il te plaît ! me répond-il. Ce que tu prends pour un écho éloigné de la primitive fraternité humaine n'est qu'un reflet de la domesticité du serf envers le seigneur...

— Mais, cher ami, par notre costume et par l'accélérité de notre marche, nous ressemblons plus à des *serfs* qu'à des seigneurs...

— Par notre costume, peut-être. Mais par notre air? Est-ce que tu crois que ces braves gens-là ne voient pas clairement dans nos allures que nous sommes des hommes libres, artistes ou vagabonds, poètes ou rentiers, n'ayant au cou nul collier, à l'esprit nul devoir ? Nous avons beau courir comme le vent, pour eux nous nous promenons, et les ouvriers, les serfs, les gens de la glèbe, ne se promènent que le dimanche!

— Si jeune et déjà si observateur! Fantasio, tu me confonds!...

AH! CETTE FOIS, GENDARME...

Nous voilà sortis des bois de Neuhof. Nous arrivons sur la grand'route de Strasbourg à Bâle, que nous traversons à la hauteur du pont du Bois-Petit, jeté sur le canal du Rhône au Rhin. Nous n'osons pas nous retourner, — non de peur d'être changés en statues de sel, mais pour ne pas apercevoir la flèche de la cathédrale, qui émerge dans le brouillard comme un point d'exclamation ironique. « Comment! vous marchez depuis hier matin, et vous n'en êtes encore que là! » avait-elle l'air de nous dire tout à l'heure, quand, au sortir des bois de Neuhof, elle s'est profilée subitement devant nous. Tant que cette maudite flèche sera encore en vue, nous ne nous considérerons pas comme partis.

Nous sommes maintenant à Illkirch, où nous nous arrêtons un instant — non pour nous faire indiquer la maison où fut signée la capitulation qui livra Strasbourg à Louis XIV, mais pour rafraîchir en dedans nos chevaux, æstueux en dessus malgré la pluie. Pendant cette halte rapide, j'admire comme il convient des bans de mariage affichés à la porte de la mairie : ils sont encadrés de fleurs artificielles, — aussi artificielles que le bonheur, hélas! Puis, le boute-selle sonné par le zouave Daudet, nous reprenons notre course, emplissant nos narines d'air et nos yeux d'horizons charmants. Nos bâtons ferrés retentissent sur les pavés, effarouchant les oies des villages que nous traversons, Graffenstaden, Olmenheim, Ichtratzheim, Saint-Ludan, Hipsheim...

Nous ne parlons guère — et nous en sommes fort aises l'un et l'autre. Les déplacements occasionnent toujours une légère perturbation dans les habitudes de l'esprit. On n'est plus dans son milieu, on est dépaysé, et, comme tous les gens dépaysés, on est embarrassé pendant quelque temps — jusqu'à ce qu'on ait repris son assiette. Au rebours de l'oiseau sauvage qui une fois captif, se refuse à chanter, le poète parisien échappé de sa cage ne sait plus bavarder. Il lui faut le bitume du boulevard, le bruit des parlottes littéraires, les filles maquillées, mille choses, — son élément, comme au poisson l'eau.

Voilà pourquoi nous sommes muets, Daudet et moi.

Nous en sommes fort heureux, je le répète. C'est quelque chose de pouvoir fuir les parlottes où l'on dépense souvent plus de salive — de bave — que d'esprit. Et cela coûte moins cher, comme les pommes cueillies sur le pommier, comme les jeunes filles cueillies sur l'arbre de leur nubilité, valent mieux que les pommes et les filles du marché, à tant le tas! Tout ce qui est sain, honnête, propre et beau, vaut mieux que ce qui est corrompu, fardé, gauchi, éreinté, malsain...

Hipsheim est une station du chemin de fer de Strasbourg à Bâle, qui serpente à notre droite et dont le sifflet, aigu comme un clou, nous déchire de temps en temps l'esprit et les oreilles. Maudite invention! Nous voudrions nous illusionner, nous supposer loin de toute civilisation : ces coups de sifflet nous forcent à nous souvenir qu'il y a des villes. Ah! quand donc ne l'entendrons-nous plus!

Il est neuf heures. Une auberge se présente, nous débridons et nous entrons. Il y a là des commis voyageurs juifs, deux paysans, une grosse servante qui fait des effets de *giberne* (dirait le graveur Bellot) et un gendarme qui, en sa qualité de militaire, s'intéresse vivement à la giberne de la grosse servante. Un gendarme! je tressaille, involontairement d'abord, en songeant à mes mésaventures belges, puis je me rassure en songeant qu'avant de quitter Paris j'ai eu soin d'emporter avec moi pour quarante sous d'honorabilité.

— Ah! cette fois, gendarme!...

Mais le guerrier est trop occupé de la maritorne pour s'occuper d'un vagabond! D'ailleurs tout le monde, dans cette auberge, parle la langue d'Alexandre Weill.

> Je suis Alsacienne,
> Tu es Alsacien...

comme dans *Litzchen et Fritzchen*, d'Offenbach, — le maître Jacques de la musique moderne. C'est à grand'peine que nous parvenons à faire comprendre à la grosse fille que nous désirons, moi de la bière, Daudet du lait, et notre guide — du vent.

OU LA GENDARMERIE REPARAIT

Après notre station d'un quart d'heure à celle d'Hipsheim, nous nous engageons résolument sur la route impériale, qui mène à Schlestadt, laissant, à droite et à gauche, une foule de petits pays en *heim*, Schœffersheim, Erstein, Bolsenheim, Osthausen, Matzenheim, Heusern, Sand, Ehly. Je commence à tirer la langue et la jambe, — l'une parce que j'ai soif et faim, l'autre parce que je suis fatigué. Daudet en tire autant. Nous marchons depuis l'aube, il est midi : mettons huit heures. C'est une jolie étape pour des conscrits!

— Cher Fantasio, dis-je à Daudet, je ne saurais aller plus loin. Ce village n'a peut-être rien à nous offrir, mais cela ne fait rien; arrêtons-nous ici *refectionis causâ!*

— Arrêtons-nous ici! répond Fantasio sur un air du *Chalet*.

Ici, c'est Benfeld, — une petite ville industrielle qu'enserre le Mühlbach. Comme tous les gens pressés, nous prenons le plus long pour y entrer, nous en faisons le tour avec une sorte de rage. « Une auberge! une auberge! son royaume pour une auberge! » tel est le cri de nos estomacs exaspérés. L'auberge est enfin découverte, dans un pli de Benfeld, derrière des arbres, à l'ombre. A l'ombre, à midi! ô joie de voyageurs fatigués et affamés!

Nous mangeons de tout ce qu'il y a dans la maison, en attendant qu'on ait rédigé l'omelette extravagante que Daudet a commandée, — une omelette de douze œufs!

— Tu sais, cher Fantasio, lui dis-je sans perdre une bouchée d'un *énorme* saucisson qu'on nous a d'abord servi en guise d'absinthe; tu sais, cher enfant, que Condorcet fut arrêté pour moins d'œufs que cela?... Tu ne crains pas que cette omelette fantastique ne semble *luche?...*

Fantasio est trop préoccupé de ses rondelles de radis noir pour me répondre un seul mot.

L'omelette seule, lorsqu'elle est apportée, parfumant le cabaret de sa délicieuse odeur, par le cabaretier fier de son œuvre, a le don de lui arracher quelques paroles — d'enthousiasme. Ah! ces poètes! ces poètes! il n'y a pas de créatures plus prosaïques!

Après notre déjeuner, arrosé d'un vin rouge assez capricant, nous nous dédommageons du mutisme que nous avons gardé jusque-là, en bavardant comme des pensionnaires en récréation.

Je songe toujours à mon gendarme d'Hipsheim, qui songeait si fort à la « giberne » de la fille du cabaret, et cela me met sur la piste d'autres souvenirs de la même couleur, — omelette et baudrier mêlés.

— Un jour, dis-je à Fantasio étendu sur son banc dans la position d'un boa qui digère et fumant une superbe pipe en écume de mer (disons *en Kümmer* pour ne pas désobliger Alphonse Karr, qui oublie que Werner appelle la magnésite à pipe *Meer Schaum*...); un jour, je revenais de Belgique en France avec un jeune homme que j'avais connu au Catalogue de la Bibliothèque Impériale, qu'il avait quitté pour endosser — de force — l'uniforme d'artilleur. Ce costume ne lui convenant pas, il l'avait jeté aux orties et s'était réfugié en Belgique, où je l'avais retrouvé. La Belgique est un pays hospitalier, elle fournit l'air et l'eau, mais non le pain et le faro. T*** m'avait supplié de l'aider à gagner, moitié en chemin de fer, moitié à pied, un petit village voisin d'Avesnes, où il avait des parents, et, avec l'imprudence qui fait partie de mon bagage de vertus, j'avais consenti. Tu nous vois d'ici, lui déserteur, moi sans passeport, descendant à huit heures du soir, par une « sombre nuit d'hiver », à la station belge la plus voisine de la frontière, et nous mettant à marcher, ou plutôt à patauger dans l'obscurité et dans la boue...

— Je vous vois d'ici en effet, et j'en suis bien aise, parce qu'il est toujours agréable d'entendre le récit d'un naufrage quand on est aussi agréablement assis que moi, et je pressens un naufrage... Tu passes ta vie à te noyer, mon cher Spark, et si je ne t'aimais pas à propos d'autre chose, tu m'intéresserais à cause de cela...

— Je te remercie, mon cher Fantasio ; mais tu as une pipe qui est aussi bonne que belle, et tu devrais bien me la donner : je te donnerais la mienne, qui est fort laide, mais qui ne vaut rien. Cela faciliterait ma digestion et mon récit...

— Je tiens à cette pipe, parce que personne ne me l'a donnée ; j'y tiens et je la garde. Veux-tu une goutte de cognac ? il y en a encore dans notre gourde. Et maintenant que j'ai répondu par une parole cruelle à ton indiscrète demande, j'exige que tu achèves ton récit, et, si tu le peux, ta digestion...

N'ayant rien à objecter, je continue :

— Depuis huit heures du soir jusqu'au lendemain deux heures de l'après-midi, nous marchâmes, T*** et moi, nous trompant sans cesse de chemin, évitant les embuscades de douaniers pour tomber dans les filets de contrebandiers... Mais je te raconterai les détails plus tard...

— Pourquoi plus tard ? Plus tard, je ne serai peut-être plus là, et, de cette façon, j'ignorerai toujours les particularités de ton aventure franco-belge... Non pas! j'entends que tu ne me passes aucun détail. Les détails, c'est ce qu'il y a de plus amusant dans un récit... Passe le récit, si tu veux, mais ne passe pas les détails! Vous tombâtes donc, le déserteur et toi, dans les filets des contrebandiers?...

— Oui. Il faisait nuit noire, il pleuvait, et nous ne savions pas où nous marchions; terre belge ou terre française, c'était de la boue dans laquelle nous glissions à chaque pas. A force de marcher, nous allions cependant quelque part. Où? C'était ce que nous ignorions. Tout à coup nous apercevons dans le lointain comme le Petit Poucet à travers les arbres, une lumière fixe, C'était une maison: nous nous dirigeons vers elle en courant, au risque de tomber dans les fondrières. A mesure que nous approchions, la lumière se faisait plus vive. Elle partait de la fenêtre d'une maison isolée au milieu des champs, — une auberge sans doute. Nous arrivons, et nous entendons alors des murmures étouffés, comme des cris. Il n'y avait pas à hésiter, cependant. Nous frappons. Aussitôt, comme par enchantement, la lumière s'éteint et les cris cessent.

— Oh! oh! cela sent diantrement le drame, mon cher Spark! Mais continue... tu m'intéresses.

— Je frappe de nouveau, au fond un peu inquiet. La porte s'ouvre brusquement, et un gaillard de six pied de haut paraît sur le seuil. « Qui êtes-vous? Que voulez-vous? » nous demande-t-il. Sa voix n'avait rien d' onctueux, tu peux le croire. Je réponds la vérité, à savoir que nous sommes deux pauvres voyageurs égarés se rendant au village de Bachant sans savoir où est ce village. L'homme de six pieds nous dit d'entrer, nous entrons. On apporte une lumière, et il nous dévisage pendant une minute, T*** et moi. Après cet examen pendant lequel nous l'examinions à notre tour, il nous pousse dans une salle où nous voyons, attablés, une douzaine d'hommes et de femmes enluminés par toutes les ivresses...

— Un tableau de Van Ostade, quoi!

— Tu l'as dit. Il n'y manquait rien, pas même le buveur du coin, celui qui *déboit*... On nous reluque beaucoup, puis on nous tend à chacun un grand verre rempli de genièvre et l'on nous fait trinquer à la santé de... sainte Contrebande, dont c'était, paraît-il, la fête cette nuit-là... Nous trinquons. On remplit de nouveau nos verres et nous trinquons de nouveau. Une goutte de plus et nous tombions ivres-morts!... Mais allez donc refuser quelque chose à des gaillards de cette farine! Nous ne voulions pas leur être suspects; nous préférions nous griser... d'autant plus qu'il était exquis, leur satané genièvre, du pur schiedam!...

— Tu m'en fais venir l'eau-de-vie à la bouche.

— Après la trinquade vinrent les embrassades...

— Oh! oh! Spark!

— Quelques-unes des femmes étaient laides, sans doute, mais quelques autres aussi étaient fort agréables, si agréables même que je m'installai auprès de l'une d'elles en murmurant des mots inconnus, ceux que me dictait le genièvre en collaboration avec ses belles lèvres rouges, appétissantes comme deux guignes. Son amant grogna, ce qui la fit rire à gorge déployée, — autre séduction. Je ne sais pas trop ce qui serait arrivé si l'on ne m'avait enlevé de mon banc et transporté hors du logis. Ce n'était pas pour me mettre à la porte...

— C'était seulement pour se débarrasser de toi.

Les intentions de nos hôtes étaient excellentes. Et la preuve, c'est que l'un d'eux, s'arrachant aux douceurs du genièvre et de l'amour, nous reconduisit, T*** et moi, pendant plus d'un kilomètre. « Maintenant, nous dit-il en nous serrant la main, vous pouvez aller tout seuls sans crainte de vous perdre. Prenez ce chemin, à droite, et dans une heure vous serez à Bachant. Ne marchez pas trop à gauche, vous tomberiez dans l'étang... A droite, toujours à droite, et tout droit; il n'y a pas moyen de vous y tromper. »

— En effet, avec de pareilles indications...

— Oui, tu vas voir. Touchés de tant de complaisance, nous nous retournons pour suivre d'un regard ému la lanterne de notre guide qui ondulait dans les ténèbres comme un feu follet au-dessus d'un marécage; puis, quand il eut disparu, nous songeâmes à disparaître aussi, et, dociles au conseil qu'on venait de nous donner, nous prîmes à droite, c'est-à-dire à gauche...

— Oui, je comprends! vous vous étiez retournés, et votre gauche était devenue votre droite... C'est ainsi qu'on s'égare!

— Jamais nous n'avions été aussi égarés! Plus nous marchions, et plus nous tournions le dos à l'endroit où nous comptions arriver avant le jour. Nous marchâmes tant et si bien, pendant un si long temps, que ce fut le lendemain seulement, à deux heures de l'après-midi, — seize ou dix-sept heures de marche, — que nous arrivâmes à Bachant, où nous fûmes reçus à bras et à cœur ouverts par les parents grands et petits de mon compagnon. L'enfant prodigue ne dut pas être autrement fêté. Nous étions éreintés, fourbus, sur les dents, et, en outre, mouillés et couverts de boue des pieds à la tête. On s'empressa de mettre à notre disposition des vêtements secs, de bonnes chemises de toile, de bonnes pantoufles en tapisserie, et pendant que nous nous habillions, on prépara notre repas. Nous descendons enfin dans la salle à manger. Le poêle ronfle en notre honneur. La table, recouverte d'une nappe blanche et de verres d'une transparence d'eau de roche, aurait donné appétit à un mort. Nous nous asseyons, on nous apporte un potage odorant qui chatouille délicieusement mes papilles; et, au moment où, portant la première cuillerée à ma bouche, je murmure avec une satisfaction légitime: — « Comme on est bien dans cette patriarcale maison, à l'abri de la neige, du vent, de la boue et des gendarmes ! » — La grand'tante de T*** survient effarée et crie à son petit-neveu, d'une voix étranglée par l'émotion: — « Les gendarmes ! les gendarmes ! sauve-toi ! » T***, instinctivement, abandonne la table et s'enfuit par le derrière de la maison, tandis qu'impassible comme un sénateur romain, et d'ailleurs trop fatigué pour songer à bouger, je continue mon potage commencé...

En ce moment, entre dans la salle de l'auberge un superbe gendarme qui semblait n'attendre que ce prétexte pour faire une apparition. Pour la seconde fois depuis ce matin, je tressaille. Daudet sourit et cela me rassure. Le gendarme, après nous avoir regardés, se dirige vers la salle voisine. Je me lève, tout en fouillant dans mon portefeuille, et je crie : « Monsieur le gendarme... » Mais il ne daigne même pas faire attention à moi.

— Mon cher Fantasio, tout est payé, partons !

UN SOUVENIR AUX LANCIERS DE M. LE PRÉFET

Il est deux heures. Nous venons de faire une sieste d'une heure au moins sous un gros noyer du bord de la route, hors des murs de Benfeld, — malgré la mauvaise réputation dont *jouit* ce mancenillier rustique. J'ai même gaulé quelques noix à coups de pierres : des cerneaux exquis !

En avant ! en avant ! Nous nous disons cela chaque fois avec enthousiasme ; mais Daudet et moi nous sommes seuls à profiter de cette invitation à la marche : notre guide persiste à rester en arrière, sous prétexte que, suivant une route impériale et n'ayant aucune chance de nous égarer, nous n'avons nul besoin de lui. Il y a du vrai dans cette réponse un peu raide.

Grace à la pluie du matin et à celle qui menace de tomber ce soir, nous ne sommes pas accablés par la chaleur. Nous sommes æstueux, mais c'est un æstuage supportable. Le paysage qui se déroule à nos regards charmés nous fait d'ailleurs oublier la fatigue et la chaleur. La route est longue, mais elle a ses dédommagements : à gauche, dans le lointain, de l'autre côté du Rhin, la forêt Noire ; à droite, dans un lointain plus rapproché, les sommets bleuâtres des Vosges, qui nous font battre le cœur. Ah ! chères montagnes dont on nous a tant parlé, nous vous verrons donc enfin de près ! Petite Suisse française, nous vous visiterons ! Et toi aussi, chère forêt

Noire tant vantée, ne sois pas jalouse, nous te rendrons les hommages qui te sont dus !

Nous avons dépassé quelques villages alsaciens, — Hüttenheim et sa grosse filature, — Epfig, où il paraît que les évêques de Strasbourg avaient jadis un magnifique château, — Semersheim, où il y a je ne sais plus quoi, — Kogenheim, où il y a un cabaret. Nous nous arrêtons à Kogenheim, pour boire du lait. Nous avons soif de lait !

Le cabaretier nous apporte de la bière. Nous la refusons et nous demandons du lait, — *milch* et non *bier*. Le cabaretier persiste à nous apporter le contraire de ce que nous lui demandons.

— Pourquoi ne nous donnez-vous pas de lait ? lui dit Daudet. Vous en avez, l'odeur de votre étable arrive jusqu'ici...

— Mais fous ne gombrenez tonc pas le vrançais ?. . nous répond cet homme d'un air grognon, en faisant allusion aux quelques mots d'alsacien mâchonnés par lui quelques minutes auparavant, et non compris par nous, bien entendu.

Si l'on se met à appeler l'alsacien du *vrançais*, maintenant !...

Nous repartons, car il nous faut arriver avant la nuit à Schlestadt, si nous voulons coucher dans un lit chrétien.

La route est plate, mais le pays est charmant.

Voisinage des Vosges, d'un côté ; de l'autre, voisinage du Rhin : dire qu'il y a des gens qui quittent ce paradis pour s'en venir à Paris, la capitale des immondices, s'enrôler dans le régiment des balayeurs ! De jeunes hommes ! des jeunes filles ! La patrie est donc un vain mot pour ces créatures-là ? Cela leur est donc égal d'aller vivre — et mourir —

loin du berceau, qui devrait toujours être la tombe ?... Le vieux père Rhin, ce patriarche, a-t-il donc une poésie moins grande que la Seine, cette courtisane ?... Ah ! jeunes garçons, jeunes filles, qu'allez-vous faire là-bas ? Ramasser votre dot dans la boue ?...

FUI !

Après Kogenheim et son cabaretier grognon, nous dépassons Ebersheim, où périt Sigebert II, fils de Dagobert Ier, ressuscité par Arbogast, — un saint qu'il ne faut pas confondre avec le héros de la tragédie de M. Viennet.

Au delà d'Ebersheim, à droite, la cime de l'Ungersberg, dont les forêts sont célèbres dans l'histoire des révoltes des paysans ; c'est là que demain, à pareille heure, nous serons, parce que nous voulons y être.

Ah ! belles Vosges ! Suisse des gueux ! demain nous irons vers vous ! J'en ai assez de tes plaines, ô plantureuse Alsace ! Il me faut des torrents, des rochers, des sapins, des bois noirs, des montagnes, des chemins raboteux, et, à mes côtés, des précipices qui me fassent bien peur !

— Tais-toi, Jean-Jacques ! me crie Daudet qui m'a entendu penser.

— Jean-Jacques toi-même, malhonnête ! Ainsi, mon cher Fantasio, tu es de ceux qui s'imaginent que l'amant de madame de Warens a découvert la nature ? Ainsi, personne avant lui, en littérature.....

— Mon cher Spark, si nous ne nous hâtons, nous allons être trempés avant notre soupe...

— Tu crois ?...

La pluie me répond pour Daudet — à verse. Où nous réfugier ? A droite et à gauche, une plaine. Devant nous, assez loin, des maisons. Au moins, à Paris, on a la ressource des passages et des cafés... Précisément, à cette heure où l'inclémence du ciel se manifeste si ouvertement, le Café de Madrid grouille de gens de lettres, nos amis, en train « d'étouffer des perroquets » — une habitude qu'ignoraient les gens de lettres du Café Procope. Carjat fait son entrée et distribue ses poignées de main. J'entends d'ici le rire à mitraille de Pelloquet. Je vois circuler, me cherchant, sinistre, l'abracadabrant Pollet, — le Rivarol du tiret. Charles Bataille opère des fouilles dans son nez. Hippolyte Babou, entouré de sa cour, Henri Cantel et Charly, fusille de ses épigrammes ses confrères absents ou présents. Quelle jolie *Dunciade* il ferait, ce Palissot-là !...

Je rattrape Daudet au moment où il aborde un pauvre vieil homme qui passe, chargé de mélancolie.

— Schlestadt ? lui demande-t-il en lui montrant les toits qui sont devant nous, avec des pointes de clochers émergeant çà et là comme des rochers à fleurs d'eau.

Le pauvre vieil homme s'est arrêté ; il nous regarde avec tristesse et répond d'une voix douce qui nous remue sans que nous sachions pourquoi :

— *Fui !*

Ce n'est pas *oui*, — c'est *fui*. Ah ! ce *fui*, ce *fui*, nous nous en souviendrons, n'est-ce pas, Fantasio ?

C'est en effet Schlestadt, dont les faubourgs sont un Saint-Mandé émaillé de gloriettes et de vide-bouteilles. Sous prétexte qu'il pleut et que, d'ailleurs, en fait d'auberge comme en fait de maîtresse, la première venue vaut toujours mieux que celle que l'on choisit, notre guide nous fait entrer à l'*Auberge du Bœuf rouge*, juste en face de la porte d'entrée de la ville. Il n'a pas longtemps cherché pour nous trouver cela, notre guide!

Le *Bœuf rouge* ne nous déplairait pas s'il était en ce moment moins envahi par les pantalons-garance. Les gens de lettres sont bruyants, mais les troupiers sont tumultueux. Au moins, dans le bruit que font les gens de lettres, il y a toujours un peu de profit pour l'esprit s'il y a dommage pour les oreilles. Mais dans le tumulte des guerriers il n'y a rien à gagner — que la migraine. Leur rire est un feu de peloton continuel. C'est attristant. Mais quoi? n'est-ce pas toujours ainsi? *Ridet Cœsar, Pompeius flebit!* C'est nous qui sommes Pompée, Daudet et moi, et nous *fléons* vraiment. Ah! les monstres! Les voilà maintenant qui chantent des romances *sentimentales*! Ils s'attendrissent! Ils pleurent eux aussi! Autre feu de peloton. Nous ne pourrons pas souper tranquilles.

—Messieurs, nous dit la demoiselle du *Bœuf rouge*, si ces soldats vous gênent, je vais les faire taire?

— Même silencieux, ils trouveraient encore moyen de faire du bruit; nous vous remercions. Nous souperons au milieu de la tempête...

Quoi que j'en vienne de dire, cette gaieté de caserne mêlée de sentimentalisme de faubourg nous a coupé l'appétit net. La soupe passe, mais le reste refuse de passer. Nous avons pourtant bu une rude absinthe, depuis ce matin que nous marchons!

— Je regrette de n'avoir pas invité le pauvre *Fui* à souper avec nous! murmure Daudet, qui sent chanter en lui le crapaud-remords.

— Oui, il devait avoir plus faim que nous !

Pour échapper au crapaud-remords, Daudet me demande si je sais pourquoi Schlestadt s'appelle Schlestadt. Je lui réponds :

— C'est exactement comme si tu me demandais pourquoi Alphonse Duchesne s'appelle Duchesne !

— Je ne te demanderai pas cela parce que je le sais. Duchesne s'appelle ainsi parce que ses ancêtres ont manié la cognée dans les forêts de la Gaule. Il pourrait s'appeler aussi Durouvre — *robur*...

— Ah ! bon ! je comprends ! Eh bien ! Schlestadt vient d'*Elcebus* ou de *Telcebus*.

— Et d'où venait *Elcebus* ou *Telcebus ?*

— Ah ! mon cher Fantasio, tu abuses du droit qu'ont les amis d'être... interrogants ! J'ai au bout des lèvres la réponse du chevalier de Cailly à propos du mot *chante-pleure* :

« Depuis deux jours on m'entretient.
Pour savoir d'où vient chante-pleure :
Du chagrin que j'en ai je meure !
Si je savais d'où ce mot vient,
Je l'y renverrais tout à l'heure. »

Les origines des mots ? Me prends-tu pour le père Ménétrier ? J'ai bien envie de faire, à propos de Schlestadt, ce que faisait ce « vieil maistre d'escole dont il part en son *Art du blason justifié*, — lequel tirait *secrétaire* de *secret taire*, *chaudron* de *chaud* et *rond*, *chapeau* de *échappe eau*, *sergent* de *serre gens*, *jeunesse* de *jeux naissent*, *fenêtre* de le jour *fait naître*, etc., etc.

— Mon cher Spark, je n'en demande pas tant...

« Je demande au docteur Pinton,
Dût-il me trouver indiscrète,
Si feuilleton vient de feuillette,
Ou feuillette de feuilleton... »

— Tu me désarmes avec cette épigramme...

— Qui irrita fort Geoffroy lorsqu'elle parut.

— Geoffroy n'était pourtant pas un ivrogne.

— Non, certes. Il mettait, au contraire, beaucoup d'eau dans son vin ; à preuve, ses flatteries au pouvoir d'alors...

— D'où cette autre épigramme :

« Si l'Empereur faisait un... »

— Mon cher Spark, nous compromettons le *Journal des Débats !* Allons faire un tour dans Elcebus.

Le fait est que cette conversation parisienne, à une centaine de lieues de Paris, dans une auberge occupée militairement, a quelque chose d'original. Quoi qu'en dise Danton, on emporte toujours un peu de sa patrie à la semelle de ses souliers. Il y a un écho du boulevard Montmartre dans notre causerie : nous chroniquons — sans le vouloir.

Il est huit heures. Le soleil n'est pas encore couché, nous ne nous coucherons pas avant lui, malgré notre fatigue. Nous sortons pour faciliter la digestion — des romances sentimentales et des propos grivois de nos voisins les troupiers. Nous déambulons çà et là, non pour voir les monuments d'Elcebus, que l'on dit fort curieux, mais pour nous faire voir aux habitants, plus curieux, puisqu'un certain nombre d'entre eux ont fait haie sur notre passage, il y a une heure, lors de notre entrée au *Bœuf rouge.*

— Puisqu'ils ont manifesté le désir de nous contempler, me dit Fantasio, montrons-nous à eux.

Et nous nous sommes montrés. Les habitants ont paru satisfait : ils sont probablement de la famille de Jenny l'Ouvrière.

Si nous avions pu rencontrer le pauvre *Fui !*

IV

L'HORLOGE QUI NE SAIT PAS CE QU'ELLE DIT

Jeudi, 13 juillet.

Une bien mauvaise nuit ! Petits lits et petite chambre. Pas de place et pas d'air, malgré la fenêtre ouverte.

Nous avons prié notre hôtesse de nous réveiller à trois heures du matin, mais quelqu'un s'est chargé de nous réveiller avant cette heure-là.

Ce quelqu'un, c'est l'horloge d'Elcebus.

Une fois déjà, à Namur, j'avais entendu une chose assez étrange : le carillon de l'église Notre-Dame qui, depuis une dizaine d'années, ne sait plus du tout ce qu'il fait. Un carillon fou ! qui le croirait ? Je ne l'aurais pas cru si je ne l'avais entendu, de mes deux oreilles entendu, et huit jours de suite, commencer un air de Meyerbeer ou de Boïeldieu, puis s'arrêter tout à coup et reprendre un autre air bien différent du premier : chantant par exemple :

« Prenez garde!
Prenez garde!

La dame blanche vous regarde,
La dame blanche vous entend... »

Et s'interrompant pour chanter :

« Au clair de la lune,
Mon ami Pierrot,
Prête-moi ta plume
Pour écrire un mot... »

C'est excessif, n'est-ce pas ? Eh bien ! ce n'est pourtant que la vérité. Après un carillon fou, il me restait à entendre une horloge folle.

L'hôtesse du *Bœuf rouge* ne nous avait pas prévenus ; aussi, à minuit, au milieu de notre sommeil, entendant sonner quatre coups, je me réveille et réveille Daudet en lui criant :

— A cheval, messieurs ! A cheval ! il est quatre heures ! Une heure de perdue !...

Daudet, obéissant, se lève et s'habille.

— Je dormais si bien ! murmure-t-il en laçant ses mocassins.

Mais le jour est bien terne. Est-ce qu'il pleut ? Je pousse les persiennes et je constate avec stupéfaction une lune splendide.

— Qu'est-ce que cela veut dire ? me demande Daudet, apercevant la blonde Sélènê qui le regarde de toute sa hauteur.

— Je suis pourtant bien sûr d'avoir entendu sonner quatre heures.

— Mon cher Spark, à quatre heures, au mois de juillet, il fait grand jour. Or, en ce moment, il fait grande lune. *Ergo*...

— Oh ! ne monte pas ainsi sur tes *ergo*, jeune coq ! Je te dis que j'ai entendu sonner quatre heures.

Ici Daudet me saisit le bras pour me recommander le silence : l'horloge sonne de nouveau. Nous comptons. Un... deux...

— Quatre heures et demie déjà !...

Daudet me serre le bras. J'écoute avec stupeur : trois... quatre... cinq... six... sept...

— Voilà qu'il est sept heures maintenant ! Quelles sept heures? du soir ou du matin ? d'hiver ou d'été ? Sommes-nous sourds ou aveugles? Nous nous sommes couchés à neuf heures, il est donc impossible qu'il ne soit encore que sept heures, c'est-à-dire deux heures de moins que celle à laquelle nous sommes montés dans cette chambre.

— C'est qu'alors, mon cher Spark, au lieu d'être sept heures d'hier soir, c'est sept heures de ce soir qu'il est On nous a oubliés et nous nous sommes oubliés. Nous avons perdu notre journée !

— Mon cher Titus, tu ne sais pas ce que tu dis ! A sept heures de ce soir ou d'hier soir, au mois de juillet, il fait grand jour comme à sept heures du matin. Or, il ne fait pas jour, puisqu'il fait lune. Donc, il n'est pas plus sept heures du matin que sept heures du soir...

Daudet me saisit le bras pour la seconde fois; l'horloge se remet à sonner. Nous comptons Une... deux... trois... quatre... cinq... A cinq, elle s'arrête.

— Mais cette *horloge ne sait pas ce qu'elle dit* ! Mais il est trop tôt pour nous mettre en route ! Mais je ne suis pas suffisamment défatigué d'hier ! Mais je me recouche !...

Nous nous sommes recouchés en riant, et nous avons dormi à poings fermés je ne sais combien de temps. A trois heures, notre hôtesse est venue nous arracher à cette volupté du non-être. En la payant, je lui ai demandé quelques explications touchant l'horloge de sa ville natale.

— Monsieur, m'a-t-elle répondu en souriant et en profitant de l'attention que je prêtais à sa réponse pour répandre la salière sur notre note ; monsieur, c'est une singularité à laquelle nous sommes habitués. Tous les jours, depuis neuf heures du soir jusqu'à quatre heures du matin, l'horloge de la ville sonne tout ce qui lui passe par la tête. A quatre heures, elle se met à sonner comme une horloge naturelle, pas un coup de plus, pas un coup de moins, jusqu'à neuf heures. Mais à partir de neuf heures... dame !

Cette explication valait bien un fromage, sans doute. Nous avons payé le fromage et nous sommes partis à *l'aube crevant,* — comme disaient nos aïeux les trouvères.

AU PIED DU KŒNIGSBOURG

Nous quittons Schlestadt par la porte de Colmar. La rancune que nous avons conçue pour cette ville à propos de l'incohérence de son horloge et de la salière du *Bœuf rouge*, cette rancune ne va pas jusqu'à la cécité, et en la traversant à cette heure matinale où elle est privée d'habitants, nous admirons de grand cœur ses vieilles maisons à moucharabis qui ressemblent à des maisons mauresques. Cela nous fait rêver bayadères, almées, houris, — tout le diable féminin et son train. Ah ! si nous savions où sont ses *Pans de Goron*, — ou sa *rue de l'A-B-C*, — ou sa *rue des Cailles*...

Nous suivons une route bordée de vignes qui, au bout d'une heure et demie, nous conduit à l'entrée de la vallée de Sainte-Marie-aux-Mines. Nous avons atteint les Vosges ! A droite et à gauche, des montagnes et des sapins ! Enfin, je vois donc autre chose que Montmartre !

Comme nous ne sommes pas malades, nous négligeons de nous rendre à deux pas, à Châtenois où chante la naïade minérale connue des nobles étrangers sous le nom de Badbrünnlein, et nous nous enfonçons résolûment dans la vallée. Bientôt Fantasio, qui n'a pas dormi, me demande cinq minutes d'arrêt sous les arbres de la forêt de Kintzheimer, située à gauche de la route ; je lui accorde une heure, j'étends notre couverture de voyage sur l'herbe humide de rosée, et nous nous étendons sur la couverture. Fantasio ne tarde pas à s'endormir, et j'utilise mon loisir à admirer la forêt d'Altenberg, en face de moi, et les ruines du schloss qui couronnent son sommet. Cette vallée entre ces deux forêts est d'un effet charmant à cette heure matinale. Les prés sont verts comme choux, grâce aux bontés que la Liepvrette a pour eux. Quelles belles écrevisses on doit pêcher dans ce ruisselet ! Cela me rappelle celles que j'ai mangées, il y a trois ans, à Nogent-le-Rotrou, en compagnie d'un de mes amis et de mon chien, un autre ami — plus fidèle que l'autre. Cela nous avait coûté cent francs, à P. M. et à moi ; un franc l'écrevisse — bordeaux compris. Et à ce propos, mon cher Fantasio...

Fantasio dort toujours. Je le réveille doucement, non pour lui raconter l'histoire de mes cent francs d'écrevisses, mais parce que la rosée a traversé notre couverture, et qu'il est inutile que l'un de nous gagne une fluxion de poitrine au début de notre voyage. En route ! il s'agit de trouver un abri pour le déjeuner, car il fera chaud aujourd'hui, le soleil nous en prévient.

Notre guide marche devant nous maintenant.

Malassis prétendait un jour devant moi qu'il est inutile de voyager et que qui a vu une ville les a vues toutes. Je ne crois pas. C'est absolument comme si l'on disait qu'il faut être fidèle à sa maîtresse sous prétexte qu'on la retrouverait chez les autres femmes. Je n'ai pas beaucoup voyagé, il me reste à voir d'ici ma mort plus de pays que je n'en ai vus depuis ma naissance ; mais ce que je vois ne ressemble en aucune façon à ce que j'ai vu — et j'en suis fort aise. Les hautes falaises granitiques des bords de la Meuse m'avaient charmé : ces verdoyantes montagnes des Vosges m'éblouissent l'esprit et le regard. Je regretterais toujours de n'être pas venu ici — et Daudet aussi.

GOITRE ET POÉSIE MÊLÉS

Il fera chaud aujourd'hui, trop chaud, le soleil nous en prévient de plus en plus. Il est huit heures : il y en a donc cinq que nous sommes en route, sans avoir fait beaucoup de chemin. Qu'importe ! Nous ne sommes attendus par personne, je suppose : à quoi nous servirait-il donc de nous hâter ? Pourvu que nous arrivions quelque part, n'importe où, le reste nous est aussi indifférent qu'un roman d'Étienne Énault. Tout ce que nous risquons, c'est de nous égarer, — grâce à notre guide... Nous égarer ! c'est ce que nous rêvons ! S'égarer, c'est de l'imprévu, — et l'imprévu, quoi de plus charmant pour des gens habitués au pâté d'anguilles ?

La chaleur augmente — à réjouir les crocodiles des bords du Nil. Les poules qui pondront aujourd'hui feront des œufs durs. Ce qui contribue encore à nous faire suer, ce sont les gens que nous rencontrons; ils s'arrêtent pour nous regarder et pour nous rire au nez, nous trouvant excessivement grotesques et excessivement laids. Daudet veut se fâcher : je souris en lui montrant les goitres qui s'épanouissent au cou de tous ces gens-là, et je lui dis pour l'apaiser :

— Les goitreux sont forcément des crétins, mon cher Fantasio. A Paris, rappelle-toi ce que dit un journaliste à propos d'un confrère? *goitreux!* ou *crétin!* et quelquefois même les deux à la fois, — les pléonasmes ne faisant jamais peur à un homme de lettres. D'ailleurs ces thyroïdifères ont raison de se moquer de nous :

Dans le pays des goitreux
Il faut l'être
Ou le paraître.
Dans le pays des goitreux
Les gens sains n'sont pas heureux!

Fantasio se laisse convaincre par ma poésie de mirliton. Mais, au moment d'arriver à Liepvre, voilà qu'un Quasimodo vosgien, l'idéal de la laideur humaine se plante devant nous et se tient les côtes pour ricaner plus à son aise.

— Oh! la! la! a-t-il l'air de dire. A-t-on vu des gens aussi mal bâtis que ces monstres! Ils ne sont pas bossus! Ils ne sont pas borgnes! Ils n'ont pas les jambes en manche de veste! Et (comble de laideur) ils n'ont pas de goître!

Jamais, j'en suis sûr, il n'a rigolé d'aussi bon cœur, ce magot, qui, à toutes ses difformités, en joint une, la plus cruelle de toutes : un goitre énorme, — le plus beau de la vallée, incontestablement. A l'Exposition universelle de 1867, il aurait des chances pour être médaillé. Non, jamais le Valais, jamais la Savoie, jamais la Maurienne, jamais les Alpes n'ont offert un spécimen aussi distingué de cette horrible affection ! Nous comprenons que son propriétaire en soit fier, car il y a de quoi. Nous confondons fraternellement nos éclats de rire avec les siens — heureux du véritable succès que nous obtenons.

— Qui détermine donc cette hernie du cou chez ces malheureux ? me demande Daudet, pâle de l'émotion que lui a fait éprouver la contemplation du goitre idéal rencontré par nous.

— Je vais te répondre comme si je le savais, mon cher Fantasio. Le goitre, endémique ici, est attribué à l'usage des eaux séléniteuses, magnésiennes et calcaires.

— Mais l'eau de la Seine...

— Je te comprends ! Aussi est-ce parce que les eaux de la Seine, comme celles de la Liepvrette, sont séléniteuses, magnésiennes et calcaires, que... Mais, sur un million d'habitants, cela ne s'aperçoit pas trop... D'ailleurs, nos confrères boivent presque tous du vin. Il n'y a donc, à proprement parler, que les...

— Ta conversation m'altère considérablement, mon cher Spark. Voici une auberge avenante, entrons-y.

— Entrons.

ORAISON FUNÈBRE D'UN CANETON VIVANT

L'auberge, propre au dehors, est plus propre encore au dedans. Il faut croire qu'il ne passe jamais par ici de rouliers ou de gens grossiers : on ne les laisserait pas entrer dans ce cabaret d'opéra-comique, où nous n'osons pas demander à boire — de peur de paraître mal élevés. Dans un coin, une armoire en vieux noyer bruni par l'usage, avec des clavures en fer brillant comme de l'argent. Cà et là, accrochées, des dinanderies un peu bossuées, d'un jaune superbe, qu'on dirait faites de rayons de soleil métallisés. A deux pas de nous, une respectable matrone, le portrait vivant de la *Devideuse* de Gérard Dow, dont il existe une si belle gravure de Jean-Georges Wille. A la façon dont elle nous sourit en nous regardant par-dessous ses bésicles, on croirait que nous sommes ses enfants et qu'elle nous attendait. Je suis tenté de lui sauter au cou et de lui dire :

— Grand'mère, comment vous portez-vous ?

La fille de Gérard Dow entre en ce moment dans la salle, suivie d'un caneton de cinq ou six jours comme par un chien de cinq ou six ans. Il glousse à fendre l'âme, ce caneton, — mais dans un patois vosgien aussi inintelligible pour nous que le patois alsacien. Je m'informe du sujet de sa douleur, et, tout en s'informant du sujet de notre présence, la fille de la Devideuse nous apprend que cet infortuné a perdu depuis la veille son père canard et sa mère cane, noyés tous deux dans la Liepvrette.

— Mon cher Fantasio, connais-tu l'oraison funèbre de la belle Hortense de Mancini, duchesse de Mazarin, composée par Saint-Evremond ?

— Mon cher Spark, je ne connais rien de Saint-Évremond que son nom ?

— Je le regrette pour toi et pour lui : vous étiez

tous deux dignes de faire votre connaissance. Saint-Évremond est un écrivain de race qui a fait un chef-d'œuvre, la *Conversation du père Canaye et du Maréchal d'Hocquincourt*, bien que d'aucuns attribuent ce chef-d'œuvre soit à D'Aubigny, soit au Chevalier de Méré. Mais je n'en crois rien. Cette adorable conversation est bien de l'homme d'esprit dont le portrait tient dans ce quatrain :

« Je suis peu sévère, mais sage,
Philosophe, mais amoureux;
Mon art est de me rendre heureux.
J'y réussis : en faut-il davantage?... »

— Un homme aimable, ton Saint-Évremond !

— Donc, mon cher Fantasio, ne connaissant rien de Saint-Évremond, tu ne connais pas son *Oraison funèbre de la belle duchesse*, commençant ainsi : « J'entreprends aujourd'hui une chose sans exemple ; j'entreprends de faire l'oraison funèbre d'une personne qui se porte mieux que son orateur... » La belle duchesse était vivante et bien vivante, en effet. Elle avait dit un jour devant son cher philosophe qu'elle souhaiterait bien de savoir ce qu'on dirait d'elle après sa mort, et son cher philosophe avait pris prétexte de cette curiosité de jolie femme pour faire un panégyrique charmant, où l'amoureux domine.

— Où diable veux-tu en venir avec ton Saint-Evremond et avec ta duchesse de Mazarin?

Sans daigner répondre à Fantasio, je me baisse vers le caneton en train de picorer nos mocassins comme si c'étaient des réservoirs à grains et je lui dis d'un air attendri :

— S'il est permis de prendre soin de son tombeau, d'y mettre des inscriptions et de donner plus d'étendue à notre vanité que la Nature n'a voulu en donner à notre vie ; si tous les vivants peuvent se destiner le lieu où ils doivent être, lorsqu'ils ne vivront plus ; si Charles-Quint a fait faire ses funérailles et a bien voulu assister à son service deux ans durant, ne trouve pas étrange, caneton, que je cherche à te dire, vivant, ce qu'on pourra dire de toi après ta mort? La vérité est dure à entendre pour d'aussi jeunes oreilles que les tiennes, caneton, mais c'est la vérité, et il faut s'incliner devant elle comme devant la loi : *dura lex, sed lex !* Tu es réservé aux honneurs douloureux de la casserole, ami caneton, avec quelques navets pour compagnons. Si tu échappes aux navets, tu n'échapperas pas aux olives : tu seras mangé ! Par qui? C'est ce que je me demande précisément en ce moment. Peut-être par quelque commis voyageur en goguette? Peut-être par quelque couple amoureux en partie fine? Peut-être par le chien du logis, si on a l'imprudence de te laisser une seule minute à sa portée?... Quel tombeau préférerais-tu? Aucun ! tu voudrais vivre longtemps, chargé d'ans et de graisse, père canard ou mère cane (car j'ignore ton sexe), et ne t'envoler jamais vers le pays des âmes?... Je comprend cela, les hommes en pensent tout autant que toi là-dessus ! Tous sont aussi capons que toi, caneton ! Mais que tu le veuilles ou non, comme les plus belles et les plus grands, comme la duchesse de Mazarin et comme l'Empereur Charles-Quint, caneton, tu seras poussière..

« Tant la Parque a fait ses lois
Égales et nécessaires.
Rien ne t'en saura parer!
Apprenons, âmes vulgaires,
A mourir sans murmurer ! »

— Sapristi ! s'écrie Fantasio. J'ai perdu ma pipe !

— La pipe que tu m'as refusée à Benfeld ?

— Ma pipe de Tolède, oui !

— Tu n'as pas fumé depuis Châtenois : elle aura glissé de ta poche pendant ta sieste au pied de la forêt de Kintzheimer. Allons la chercher.

— Non. J'aime mieux faire vingt lieues en avant que trois lieues en arrière. A la mer, ma pipe en écume de mer !...

— Ces messieurs viennent de la forêt de Kintzheimer? nous demande notre hôtesse.

— Oui, madame.

— Comme, à ce que je vois, vous êtes artistes, vous avez dû visiter le Kœnigsbourg, un vieux château situé tout en haut de la montagne, une des plus élevées des Vosges ?

— Le Hohen-Kœnigsbourg? En effet, madame, on nous avait recommandé d'y grimper ; mais nous nous sommes contentés de dormir à quelques centaines de mètres au-dessous de lui.

— C'est pourtant une ascension que ne manquent jamais de faire les touristes qui viennent dans ce pays. Ses tours ébréchées par le temps et entremêlées de verdure, présentent un des spectacles les plus propres à ravir les regards de l'artiste...

— Cette dame est pâle, mais elle parle comme un livre, dis-je tout bas à Fantasio, qui me répond :

— Comme un livre écrit par M. Moléri.

La dame revient, nous apportant deux jattes d'un lait parfumé qui nous réconcilie avec elle ; mais elle éprouve le besoin de nous entretenir de nouveau du Kœnigsbourg :

— Un Hollandais, dit-elle, est venu exprès de la Hollande pour le voir.

— C'est étonnant, madame ; mais ce qui l'eût été davantage, c'est que ce Hollandais fût venu de Constantinople ou de Madrid.

— Le maire de Schlestadt, ajoute la dame jaune, a acheté le Kœnigsbourg et va faire faire une route carrossable... Au printemps prochain un restaurant et un hôtel s'y établiront, et...

— Combien vous devons-nous, madame?

— Quarante-cinq centimes, monsieur.

Et nous partons, — notre guide en avant. Je regrette le caneton, je regrette l'armoire aux clavures reluisantes, je regrette le Gérard Dow, — mais je ne regrette pas la dame jaune. Au moment où nous franchissons le seuil de l'auberge, nous l'entendons murmurer :

— N'avoir pas été visiter le Kœnigsbourg, une ruine si majestueuse ! Ce ne sont pas des artistes !...

Parbleu !

OU REPARAISSENT LES GENDARMES

Dis-moi, Phœbus, quel plaisir trouves-tu
A faire ainsi (*bis*) cascader ton soleil ?

Nous sommes grillés comme des pralines, malgré la précaution que nous avons prise, en sortant de Liepvre, de nous entourer le visage et le cou de nos foulards, à la mode africaine, — précaution qui ne laisse pas que d'ajouter encore à l'étrangeté de notre costume. Tous les gens qui passent, ou devant lesquels nous passons, nous reluquent en écarquillant démesurément les yeux. Ils nous regardent, étonnés ; ceux qui ne sont pas étonnés sont moqueurs. Le même effet qu'à Strasbourg !

Je leur conseille de se moquer! Outre qu'il y a bien de quoi, ils sont si jolis, si jolis, avec leurs goîtres, les gens que nous rencontrons !... Au fait, j'y songe : les Grecs avaient leur mont Taygète, les Chinois ont leur fleuve Jaune... Pourquoi les Vosgiens n'ont-ils rien du même *genre ?*... Pourquoi ? Parce que !

Le soleil nous persécute de plus en plus en nous criblant de ses sagettes d'or les plus aiguës. Notre pas se ralentit. Nous cherchons des yeux une oasis, et nous ne rencontrons que des scieries qui ont l'air aussi de se moquer de nous. Pschiii ! Pschiii !! Mais bientôt nous apercevons l'oasis demandée, un coin vert au bord d'un ruisseau, la Liepvrette, qui nous dédommage de toutes ces avanies. On passerait sa vie sous ces arbres épais, les pieds dans cette eau que font jaser si gaiement les cailloux. Que les gamins de ce pays doivent être heureux ! Des bois de sapins ! Des rivières larges d'un mètre et profondes d'un pouce, Voulzies vosgiennes ! Celle-ci surtout est charmante...

« Un géant altéré la boirait d'une haleine.
Le nain vert Oberon, jouant au bord des flots,
Sauterait par-dessus sans mouiller ses grelots. »

— C'est quand on est riche qu'on aime à se rappeler le temps où l'on n'avait pas le sou ; c'est quand on est libre qu'on aime à se souvenir de ses heures de prison. Raconte-moi les suites de ton voyage à Bachant, mon cher Spark.

Je rêvais, bercé par le murmure de la Liepvrette : Fantasio vient de me réveiller. Les amis ont été inventés tout exprès pour tourmenter leurs amis et les empêcher d'être heureux. Un étranger eût respecté ma rêverie. Il est vrai que je n'eusse pas voyagé avec un étranger.

— Tu veux la fin de mon histoire de gendarmes ?

— Je désire la connaître. Saint Augustin prétend qu'il y a dans chaque homme un serpent, une Eve et un Adam : il y a en toi, mon cher Spark, un enfant, un sage et un fou. Nous faisons tous des sottises ; mais tu as dû en faire plus que personne, comme tous les philosophes qui vivent leur philosophie au lieu de l'écrire.

— Tu dis vrai, mon cher Fantasio, je n'éprouve aucune honte à l'avouer. Ma vie est pavée de sottises, c'est-à-dire d'intentions excellentes qui ont mal tourné. Il n'y a point d'homme au monde à qui tu devrais plus volontiers souhaiter deux têtes, comme Mme de Sévigné à son ami Pomenars : jamais celle que tu me vois en ce moment sur les épaules n'ira jusqu'au bout !...

— C'est pour cela que tu m'intéresses, bon Spark. Nous aimons dans nos amis nos propres défauts et nos propres qualités. Moins fou, tu me serais moins cher. Donc, la grand'tante de T*** survint effarée dans la salle à manger, criant : « Les gendarmes ! les gendarmes ! » et, pendant que son neveu s'évadait, tu continuais ton potage commencé ?

— Oui, ce potage était bon et je suis un fort soupier. Je me délectais. Les gendarmes entrèrent, le brigadier et l'un de ses hommes : l'autre avait cerné la maison pour nous couper la retraite. Si T*** m'avait imité au lieu de se sauver, nous étions sauvés tous les deux. Mais sa fuite était louche...

— Très *luche*...

— Ne me rappelle pas ainsi Neuhoff... Il me semble que je vois encore la flèche de Strasbourg... c'est désagréable !

— On surprit T*** s'évadant ?

— Naturellement. Où peut aller, jambes nues, au mois de février, par-dessus le mur d'un jardin, un homme effaré? C'est ce que le gendarme avait demandé à T***, et comme T***, en sa qualité d'homme effaré, n'avait su quoi répondre, on l'avait arrêté... On le ramena dans la salle où les deux autres gendarmes me regardaient manger mon potage. — Votre passeport? me demanda le brigadier, probablement scandalisé de mon impavidité. — Depuis quand faut-il un passeport pour manger de la soupe chez ses parents? répondis-je. — Vous mangez ici en ce moment, répliqua le brigadier, mais mais ce matin vous mangiez ailleurs. — C'est bien possible : nous y mangeons quelquefois, mon ami et moi. — Vous avouez que cette nuit vous avez passé la frontière?... D'ailleurs, vous le nierez en vain : voilà du tabac belge! ajouta le brigadier, triomphant, en sortant de la poche de T*** une poignée d'Harlebeck.

— Maudit Harlebeck! dit Fantasio, qui vient de me *chiper* ma pipe, et qui, l'ayant bourrée de *caporal*, se met en devoir de la fumer.

— Ce tabac nous trahissait en effet. Je restai un moment interdit. — « Ce matin, reprit le brigadier, vous vous êtes arrêtés dans une maison ; vous étiez couverts de boue jusqu'à la ceinture. Il y avait du feu : vous vous êtes séchés, et l'on vous a décrottés. Puis vous avez demandé une tasse de café au lait : on vous en a donné avec du sucre candi... Vous avez même fait la grimace, comme des gens qui sont habitués à sucrer autrement leur café... Deux tasses de café au lait et deux coups de brosse, cela valait bien quarante centimes : vous avez donné cinq francs...

— Imprudents! murmure Daudet, mollement

étendu sur le ventre et faisant glisser la fumée de ma pipe sur l'eau de la Liepvrette.

— J'avais été imprudent en effet. Mais il me semblait que cinq francs, ce n'était pas trop cher payer le mal qu'avait dû avoir cette pauvre femme...

— Qui n'eut rien de plus pressé que de vous dénoncer à la gendarmerie... Je reconnais bien là notre honnête Humanité!

— Il n'y avait plus à nier : je reconnus volontiers que j'avais été faire un tour en Belgique avec mon ami T***, mais j'ajoutai que je ne voyais rien de répréhensible là-dedans, et que, d'ailleurs, j'allais m'en expliquer avec le maire. Le maire de Bachant ressemblait à tous les maires de France et de Navarre : un honnête paysan en sarrau et en sabots, qui se contenta d'approuver la conduite du brigadier. Un brigadier ne peut pas se tromper! Du moment que l'on verbalisait contre nous, c'est qu'on avait des raisons pour cela!... Le maire s'en alla. Je protestai énergiquement, tout en donnant mes nom, prénoms et qualités, et, puisque j'étais déclaré en état d'arrestation, ainsi que mon compagnon, je demandai à être conduit sur-le-champ devant une autorité, sous-préfet ou procureur impérial, afin de protester plus efficacement. Les parents de T*** mirent un cheval à leur char à bancs, nous montâmes dedans avec nos gendarmes, et la voiture roula vers Avesnes... Je t'ai passé sous silence les larmes de la famille en nous voyant partir dans cet équipage. Ce n'était pas sur moi qu'on pleurait, tu t'imagines bien, c'était ce pauvre garçon dont sans doute on n'allait pas tarder à apprendre l'identité... Songe! T*** était déserteur! et le Code militaire ne plaisante pas beaucoup...

— Il ne plaisante pas assez, même !

— Nous arrivâmes à Avesnes à la brune. Conduits aussitôt au Palais-de-Justice, on nous introduisit l'un après l'autre dans le cabinet du procureur impérial, ou de son substitut, je ne sais plus au juste, en tout cas un homme fort bienveillant, je me plais à le déclarer. T*** avait été introduit le premier et j'étais resté seul dans l'antichambre avec un gendarme. Nous faisions silence. Tout à coup, en prêtant l'oreille, j'entends distinctement T*** dire au magistrat en train de l'interroger : « Monsieur, je m'appelle T*** et je suis déserteur. J'étais à Bruxelles où j'ai rencontré M. A. D. (moi); il revenait en France, je le priai de me faciliter les moyens d'y revenir avec lui, mon intention étant de rejoindre mon corps et de me constituer prisonnier. M. A. D. y consentit volontiers; nous sommes revenus cette nuit, nous sommes arrivés tantôt à Bachant, chez mon cousin V*** : vous savez le reste. Maintenant que je vous ai tout avoué, je vous prie de vouloir bien ordonner la mise en liberté de mon compagnon, dont le seul crime est de n'avoir pas voulu m'abandonner... »

— Brave garçon, ce garçon !

— Oui. J'étais fâché, pour lui, de son aveu compromettant; mais, pour moi, j'en étais aise, car, à ne te rien céler, mon cher Fantasio, j'ai une aussi profonde horreur de la prison que Panurge en avait une des coups ! J'ai besoin d'être libre, d'aller et de venir à ma guise, sans contrôle, sans contrainte, à la lumière du soleil ou à la clarté des étoiles ! En prison, je mourrais !

— Je comprends cela, cher Spark. Mais, continue... Le procureur impérial te fit appeler...

— J'entrai dans son cabinet, escorté de mon gendarme, et, d'une voix émue, je déclarai qu'ayant entendu à travers la porte l'aveu de mon compagnon T***, j'étais autorisé à le compléter par le mien, et je le lui fis. Il m'écouta avec beaucoup de bienveillance, je te le répète, avec tant de bienveillance même que je me crus déjà en liberté. Mais que devins-je en l'entendant me répondre : — « Je vous crois, monsieur, votre voix à l'accent de la sincérité ; mais il y a un procès-verbal du brigadier de gendarmerie qui relate des faits graves, ayant besoin d'être éclaircis... En attendant qu'ils le soient, je me vois forcé de maintenir votre arrestation, ainsi que celle de votre compagnon... » J'étais atterré ! Deux grosses bêtes de larmes s'en vinrent couler le long de mes joues, pour ajouter encore à mon humiliation... Nous fumes conduits à la prison d'Avesnes, — une prison à tout faire, pour prévenus et pour condamnés, pour vagabonds et pour voleurs, pour dettiers et pour meurtriers, la seule prison de la ville enfin...

— *Away ! Away !* crie Daudet en se levant. En avant soit !

JOLI DRAGON, DONNEZ-MOI VOTRE ROSE !

Nous marchons bravement sous le soleil, aiguillonnés par la soif et par la faim. Un peu au-dessus de Sainte-Croix-aux-Mines, nous passons devant une filature. Aussitôt deux cents têtes curieuses, pleines d'effiloches de laine ou de coton, se groupent aux fenêtres du rez-du-chaussée, du premier étage et du second, deux cents rires nous arrivent aux oreilles, deux cents langues nous arrivent aux yeux. Ces petites cotonnières se moquent évidemment de nous. Mais leurs langues sont roses et leurs rires argentins : les moqueries des femmes n'insultent pas les hommes. Nous n'avons pas le courage de nous fâcher, et nous envoyons un baiser circulaire à ces deux cents paires de lèvres.

Seulement, une vieille ouvrière, cynique, me désignant du doigt et me criant, d'une voix éraillée par un tas de choses : « Beau blond, m'emmènes-tu ? » je lui réponds crûment : « Non, pas toi, la vieille ! mais ta fille, ou l'une de tes filles !... » Il faut respecter les femmes qui se respectent et manquer de respect à celles qui s'en manquent à elles-mêmes.

Nous continuons notre route en riant des rires que nous avons provoqués. Nous approchons d'une ville manufacturière, industrielle, — les hautes cheminées nous l'apprennent en lançant en l'air des plumets de fumée noire.

C'est Sainte-Marie-aux-Mines, — le dernier refuge des Anabaptistes.

— Pourvu que nous ne rencontrions pas Alfred Michiels ! murmure Fantasio.

Passe un honnête bourgeois en manches de chemise.

— Une auberge, s'il vous plaît, monsieur ? demande Daudet.

Il nous regarde, se consulte, puis, étendant la main vers notre gauche :

— « *La Ville de Strasbourg*, vous y serez bien, » répond-il.

Nous remercions et saluons. Au moment d'entrer dans l'auberge indiquée, je me retourne, notre complaisant bourgeois est toujours à la même place, nous faisant toujours de la main le même signe indicateur.

— On est très obligeant dans cette petite ville! dis-je en suivant Daudet, déjà installé tout de son long devant une table de l'auberge.

Une grande demoiselle — fort joli dragon! — vient vers nous, une rose à la bouche, et nous demande ce que nous désirons du ton le plus bref qu'on prend entre hommes pour demander : « Votre heure, votre lieu, vos armes? » Nous répondons : « Omelette et raifort! » notre seule nourriture depuis Neuhof.

Tout en enviant le sort de la rose greffée sur les lèvres de la jeune demoiselle au port si martial, je ne perds pas un coup de dent, non plus que Fantasio, acharné après le raifort. Il est doux de pouvoir satisfaire ainsi ses yeux et son appétit — sans augmentation de prix.

— Avais-je raison de vous affirmer que vous y seriez bien? nous dit, avec un gros sourire, un monsieur qui vient d'entrer dans la salle — notre honnête bourgeois d'il y a une demi-heure.

Fort ingénieux pour un bourgeois! Et sa fille est fort jolie pour un dragon! Daudet et moi nous sommes tentés de nous engager dans son régiment.

Son teint a la pâleur des lys,
Ses cheveux sont d'un blond d'avoine,
Et sa bouche aux charmants replis
A la rougeur d'une pivoine.

Ce qui me chiffonne, pourtant,
C'est son attitude gourmée...
Sans doute, statue, elle attend
Un Pygmalion de l'armée.

Il viendra... Quand? Dieu seul le sait!
Son cœur, jusqu'alors si sauvage,
Se débattra sous son corset
Comme un oiseau dans une cage...

« — Voulez-vous accepter un verre d'eau de cerises? »

Cette offre est trop galamment faite par le maître de l'auberge pour que nous la repoussions, — moi, du moins. Fantasio, plus petite maîtresse, se contente de l'eau, et il me laisse généreusement les cerises, auxquelles je prends goût. Je ne veux pas perdre une occasion de boire sur place ce fameux kirschwasser, comme j'ai mangé tout à l'heure également sur place cet excellent *géromé* — qui est censé se faire à Gérardmer. Je soupçonne notre hôte de tirer de Paris ces deux articles qu'on dit essentiellement vosgiens; je le soupçonne, mais je me garde bien de le soupçonner tout haut, — ce qui ne tarde pas à me valoir un second petit verre d'eau de cerises.

— Prends garde, Spark! murmura Fantasio d'un ton d'amical reproche. Le soleil nous attend là-bas, dans les gorges de Sainte-Marie-aux-Mines; ses coups sont déjà bien asser à redouter, sans que tu lui adjoignes encore un complice.

— Tu es Mentor lui-même sous la figure du jeune Télémaque, mon cher Fantasio... Partons!

Un voiturier qui s'en va par la grand'route où nous devons aller par un raccourci, nous a offert de se charger de notre sac et de notre couverture, et il est déjà parti : il faut le suivre.

Adieu, joli dragon!

EFFET DE KIRSCH ET DE SOLEIL

Il est trois heures. Jolie chaleur! Nos bagages ont de l'avance, nous nous engageons dans un petit sentier de chèvres, montueux, malaisé, brûlé du soleil, Les lézards sont étonnés. J'ai beau n'avoir pas de sac à porter, je n'avance que lentement, tandis que Daudet, qui a le pied montagnard, disparaît dans la bruyère pour rejoindre notre voiturier.

Ce diable de kirsch et ce diable de soleil jouent dans ma tête une symphonie en feu majeur : ma cervelle entre en ébullition et je m'attends, de minute en minute, à voir sauter

. . . . Parmi les scabieuses
Mon crâne, vrai bouchon de liqueurs capiteuses!

Daudet marche toujours, escaladant la montagne comme un chamois. Je suis seul : c'est le moment! Je me glisse sous un bouquet de chênes nains planté au revers du chemin qui domine la vallée, — pour ainsi dire sur la crête d'une muraille de cinq ou six cents pieds de haut, — et je m'y endors sans me préoccuper davantage de mon sac, de mon ami, du soleil, de la pente sur laquelle je suis, de rien du tout ni de personne. Le sommeil est un tyran — comme l'amour, son frère ennemi.

Il est quatre heures et demie. Daudet vient de redescendre, inquiet, m'appelant, me cherchant sous tous les buissons, n'osant pas sonder la profondeur de l'abîme que contourne le sentier, et il finit par me trouver sous mon parasol végétal, dormant à poings fermés — comme on dort sur les volcans.

Il s'agissait de me réveiller avec précaution, un faux mouvement pouvant me précipiter au fond de la vallée, à cinq ou six cents pieds de là.

— Spark ! dit-il le plus doucement possible, sachant combien mon sommeil le plus lourd est léger, c'est-à-dire combien peu de bruit il faut faire à mon oreille pour me réveiller.

J'ouvre les yeux et je comprends.

— Tends-moi ton bâton, lui dis-je.

Il me le tend, et avec la vivacité d'un cabri, j'escalade le talus qui me sépare du sentier. J'avais repris des forces : je viens de m'en servir pour remonter avec mon cher compagnon, qui n'a même pas eu un murmure.

— Tu m'as fait une belle peur, va ! s'est-il contenté de me dire — en riant.

Cher Fantasio ! je ne sais pas s'il est satisfait de m'avoir pour compagnon de voyage, mais moi j'en suis très heureux.

Il marche devant, je le suis. Il est déjà au sommet, que je suis encore au milieu de la montagne. Il me hèle, je me hâte. Mais ce brigand de soleil ! mais ce satané kirsch !... Ah ! comme je serais bien, en ce moment, sous la tonnelle de mon jardin ! Que les hommes sont donc fous de quitter le bonheur qu'ils ont sous la main pour aller à deux cents lieues chercher la fatigue, la soif, tous les ennuis, tous les maux ! Ah ! mon cher Duchesne, que tu es sage de n'avoir pas voulu abandonner le boulevard Montmartre !

Cependant la montagne est franchie et Fantasio rattrapé. Une accolade à la gourde, et tout est oublié !

C'est égal : les montagnes ont l'amour de la perpendiculaire trop développé.

L'AUBERGE DU PONT DU GARD

Nous descendons des étages de mamelons sans savoir exactement où nous allons : notre guide ne le sait peut-être pas lui-même, quoiqu'il affecte de marcher aujourd'hui en avant avec l'empressement qu'il mettait hier à marcher derrière. Qu'importe ? Nous allons certainement quelque part, et, à force de marcher, nous y arriverons.

Dans le silence tout bruit s'entend : sept heures sonnent. Sept heures ! Nous marchons depuis ce matin trois heures ! Que de Parisiens n'en ont pas fait autant en six mois !

Puisqu'il y a une horloge, il y a un village. C'est Gemaingoutte, — un nid de chrétiens ou d'anabaptistes, caché dans un repli de terrain, au bas de la série de mamelons que nous avons descendus d'un pas ferme.

Le village est silencieux. Les habitants, encore aux champs sans doute, sont représentés par des troupeaux d'oies et de canards. Une enseigne en fer-blanc, sur la place du village, nous tire l'œil : *Au Soleil d'or*. Va pour le *Soleil d'or !*

La servante est avenante, la salle de l'auberge est fraîche, les dressoirs sont ornés de faïences peintes et de cuivres reluisants. Mais les maîtres n'étant pas là, on nous renvoie. Bien avenante, la bonne, cependant !

Nous allons en face à l'auberge de l'*Homme sauvage*, dont l'hôtesse vient de nous voir sortir du *Lion d'or*. Aussi ne veut-elle pas nous recevoir. Elle a l'air sinistre, cette hôtesse, elle est maigre : elle me rappelle la Carconte de l'*Auberge du Pont du Gard* dans la pièce de Dumas. Nous sommes trop fatigués pour nous effaroucher de si peu : nous entrons malgré la Carconte, qui appelle son mari.

— Je parie que c'est Boutin qui vient ! dis-je à Daudet, trop jeune pour avoir vu *Monte-Cristo*, au Théâtre-Historique.

Boutin vient en effet, maigre et sinistre comme sa femme.

— On n'a donc pas voulu de vous au *Soleil d'or?* nous demande-t-il.

Pour toute réponse, nous nous asseyons. Comme Boutin insiste, je veux bien lui dire :

— Nous sommes fatigués. Nous mourons de faim, de soif et de fatigue... Donnez-nous, s'il vous plaît, tout ce qu'il faut pour boire, pour souper et pour coucher. Si vous n'avez pas de vin, vous nous donnerez de l'eau. Si vous n'avez pas de lit, vous nous donnerez de la paille : nous vous paierons tout de même !

Le maître de l'*Homme sauvage*, à son tour, pour toute réponse nous laisse seuls.

Je tire la langue d'impatience — et de soif.

— Prends patience, cher Spark ! dit tranquillement Fantasio. J'ai confiance dans notre étoile ! On nous prend pour des vagabonds, on nous traitera comme des princes.

— Notre étoile ! notre étoile ! Te voilà comme la Gourville parlant de la sienne ! Rappelle-toi donc la réponse qu'elle s'attira de la part de Segrais : « Mais madame, pensez-vous donc avoir une étoile à vous seule ! Savez-vous bien qu'il n'y en a que mille vingt-deux ? Voyez s'il peut y en avoir pour tout le monde !... » Notre étoile ! Et si celle de ces braves gens de l'*Homme sauvage* ne veut pas entrer en conjonction avec nous ?... Cela sent le coupe-gorge ici, et j'ai trop soif et trop faim pour songer à me défendre.

— Cela sent le coupe-gorge dans ton imagination et l'omelette dans la réalité ? me répond Daudet en me montrant Boutin et la Carconte qui reparaissent apportant, lui une nappe et une bouteille de vin, elle une soupe blanche, des « œufs au miroir », une salade et du fromage de Gérardmer.

La soupe blanche est excellente; les « œufs au miroir » sont frais; le vin est exquis; le fromage est délicieux; la salade est tendre comme rosée : Mme Jean — la Carconte s'appelle ainsi — est une excellente femme et son mari un excellent homme. Il n'y a de sauvage que leur enseigne.

V

CE QUE, DANS LES VOSGES, ON APPELLE UN PARISIEN

Vendredi, 14 juillet.

Nous avons bien dormi chez Jean — dans les draps les plus blancs et les prix les plus doux. Par notre fenêtre ouverte arrivait, nous berçant et nous rafraîchissant, le murmure d'une chute d'eau voisine.

Il est quatre heures du matin. Nous descendons faire nos compliments à Boutin et à sa femme, qui nous ont cédé leur propre chambre sans daigner enlever de la commode les *bibelots* plus ou moins précieux qui y traînaient — et qui y traînent encore. Excès de confiance après excès de méfiance !

Nous *tuons le ver* avec un marchand de cochons déjà attablé en face d'une bouteille.

Cet homme a deviné qui nous sommes, et il nous le dit avec la liberté d'un marchand qui sait mal farder la vérité : des arpenteurs-géomètres. Arpenteurs, oui ! géomètres, oh ! non ! Après avoir deviné cela, il a bien voulu nous indiquer la route à prendre — afin d'humilier notre guide — et nous sommes sortis de l'*Homme sauvage* allègres et bien portants, comme si nous n'avions pas fait une douzaine de lieues hier.

Je suis content de Daudet : il marche bien. De moi aussi ; je ne marche pas mal. Pour des Parisiens comme nous, faire dix, onze, douze lieues par jour, cela est méritoire.

Chaleur accablante. Vers dix heures, déjeuner frugal — pain et fromage — au bord d'un ruisseau chanteur, derrière un rideau de saules. Comme dessert, Alphonse Karr et Charles Dickens, — le premier au poivre, le second au sucre. Notre gourde se vide : nous buvons de l'eau, — moi avec répugnance, ensuite avec plaisir. C'est bon, la bonne eau !

Après le déjeuner et la causerie, la sieste — interrompue par le soleil qui, petit à petit, a mangé sournoisement l'ombre bienfaisante que nous avaient dispensée avec tant de générosité les saules. En route, alors !

Le marchand de cochons qui, ce matin, chez Jean, a deviné « qui nous sommes », nous a parlé d'un certain *Parisien* tenant une auberge au Chipal : nous la demandons, on nous l'indique et nous y grimpons avec une soif de naufragés.

Pascal prétend qu'on ne voyage pas pour voyager, mais pour dire qu'on a voyagé. Nous qui ne tenons pas du tout à nous faire nos propres Dangeau, assurés que nous sommes de n'intéresser personne avec le récit de ce voyage pédestre, charmant seulement pour nous deux, nous ne voyageons en ce moment que pour avoir soif, et, ayant soif, que pour boire. Si le soleil ne nous reprenait pas un peu de ce qu'il nous force à avaler, ce serait effrayant !

Nous montons à l'auberge du Chipal, — facile à trouver, étant la seule maison de l'endroit, isolée à mi-côte de la montagne, au milieu d'un sentier où ne passe personne et qui ne conduit nulle part. Singulière auberge! Qui peut la hanter? Eh! ceux qui ont soif comme nous, puisqu'il n'y en a pas d'autres.

Un gros mâtin nous en barre l'accès avec des aboiements dont j'ai vite raison en criant. « A cette niche, X...! » Daudet est émerveillé du succès, qu'obtient ce nom connu mais généralement méprisé, et il se promet bien de s'en souvenir — pour chasser les chiens, qu'il n'aime pas plus qu'il n'estime l'individu qui porte ce nom magique.

— Ce chien a fait son devoir de chien, ami Daudet, il ne faut pas lui en vouloir, de peur d'être injuste. Bonaventure des Périers l'a dit en quelques lignes dans son *Cymbalum mundi :* Le chien ne doit autre chose savoir sinon aboyer aux étrangers, servir de garde à la maison, flatter les domestiques, aller à la chasse, courir le lièvre et le prendre, ronger les os, lécher la vaisselle et suivre son maître.

— Je n'aime pas les chiens, ami Spark, et pour la même raison que M. Prudhomme les épinards. Je n'aime pas les chiens et j'en suis fort aise, car, si je les aimais, je serais forcé d'en avoir un, et je ne peux pas les souffrir.

— Tu as tort, ami Fantasio, Moi je ne crains pas de t'avouer que je les aime, ainsi que beaucoup d'autres animaux... Et il y a un peu de superstition dans mon affection pour eux : je ne sais pas exactement ce qu'ils sont en dessous, si je sais à peu près ce qu'ils sont en dessus. Le mystère de leur organisation me trouble... Toi qui sais le grec aussi bien qu'Henri Estienne et mieux que Perrot d'Ablancourt, tu as lu Lucien. Ce Voltaire de Samosate met en scène, dans un de ses *Dialogues*, un coq qui déclare gravement, après avoir tâté de toutes les conditions imaginables, après avoir été philosophe, femme, empereur, poisson, cheval, grenouille, éponge même, que le pire des états est celui de l'homme. Je suis de l'avis du coq de Lucien, — bien que je n'aie pas passé par les mêmes métamorphoses : de tous les animaux, l'homme est le plus misérable.

— Les spiritualistes prétendent que c'est ce qui fait sa grandeur et sa supériorité, ami Spark.

— Peut-être, ami Fantasio; mais j'avoue que, souvent, je donnerais volontiers ma part de souveraineté humaine pour un grain de mil — et un soupçon de bonheur. Je suis roi du monde, c'est possible; mais j'abdiquerais de grand cœur en faveur d'un de mes sujets, aigle ou lion, abeille ou lézard, couleuvre ou ciron. Ciron, je serais si petit que nul pied ne pourrait m'écraser. Couleuvre, je pourrais dormir au soleil, le long des haies odorantes, sans avoir à rendre compte de ma paresse à personne. Abeille, je passerais ma vie à fourrager les fleurs que j'aime, et à manger du miel — que je ne déteste pas. Aigle, je volerais sur les plus hautes cimes, loin des villes tumultueuses, loin des foules idiotes, loin de toutes les lâchetés et de toutes les tyrannies, dans le plus pur azur et dans la plus pure liberté. Lion, j'aurais l'immensité du désert pour champ de course, et je pourrais à mon aise déchirer à coup de griffes entrailles d'animaux et poitrines humaines, celles-ci plus vides que celles-là... Malheureusement, je n'ai pas été consulté avant ma naissance sur l'enveloppe qu'il m'eût été agréable de revêtir pour me présenter sur la terre. Je suis condamné à porter ma peau d'homme, non sur mes bras, comme saint Barthélemy, mais sur mon dos, comme un simple mortel, Soit! mais avec le regret de n'avoir pas vécu de leur vie, il me reste pour les animaux une sympathie que je ne dissimulerai jamais et que j'ai même eu de fréquentes occasions d'avouer. D'ailleurs cette tendresse à l'endroit des bêtes — beaucoup moins bêtes que nous en avons l'air — est partagée depuis longtemps par de généreux esprits; et si, d'aventure, je me trompais dans le placement de mes sympathies cordiales et intellectuelles, je me tromperais en tout cas en noble compagnie, c'est-à-dire avec Diderot dans le passé et avec Michelet dans le présent. « J'ai rougi quelquefois devant un chien plus doux et plus vaillant que moi, a écrit le premier. « Les animaux sont nos frères inférieurs, » a écrit le second.

— Je proteste!

— Et moi aussi, Fantasio. Les animaux ne nous sont pas inférieurs : ils nous sont supérieurs!

— Oh! oh!

— Et je le prouve en te citant ce passage d'un vieux roman de chevalerie de Chrestien de Troyes, *l'Histoire de messire Gauvain.* Gauvain, preux chevalier de la cour du roi Artus, voyageant beaucoup comme tous les chevaliers de cette romanesque époque, avait épousé une jeune et belle dame, de riche et noble lignée. Les noces faites, il se résout, pour plaire à sa jeune épousée, de la conduire à la cour d'Artus, et, pour cela faire, il la prend en croupe derrière lui, selon la coutume du temps, pique des deux, et partout suivi de deux beaux lévriers blancs, ses compagnons de chasse. Vers le milieu du chemin un inconnu se présente, armé de toutes pièces, et veut enlever la jeune femme qu'il trouve à son goût. Messire Gauvain lui fait poliment observer que cette femme est la sienne et qu'il entend la garder. — « Mais si elle aimait mieux me suivre, moi, jeune chevalier, que continuer à galoper en croupe avec vous, vieux barbon, consentiriez-vous à me la céder? — Oui, répond Gauvain, plein de confiance dans la vertu de la dame. Choisissez, en se tournant vers sa femme. » Celle-ci n'hésite pas un instant : elle suit le bel inconnu qui l'emporte triomphant. Gauvain poursuit tristement son chemin, le cœur déchiré par l'abandon de la belle ingrate. Mais celle-ci, se rappelant les deux beaux lévriers blancs du preux Gauvain, et les voulant avoir avec elle, envoie son ravisseur les demander de vive force au bon chevalier. Celui-ci ne s'étonne pas de cette nouvelle exigence. — Vous avez ma femme parce qu'elle a voulu vous suivre; vous aurez de même ces nobles animaux s'ils vous suivent comme elle vous a suivi. Je n'ai rien fait pour la retenir je n'en ferai pas davantage pour retenir mes lévriers. » Le bel inconnu trouve la réponse raisonnable, et, sûr de cette seconde victoire comme de la première, il s'en retourne, appelant les chiens. Mais les chiens, cœurs dévoués, continuent à suivre le maître qu'ils aiment et qu'ils voient attristé par l'abandon de leur maîtresse... Voilà ma légende, cher Fantasio.

— Elle me touche, ami Spark, maismoins que ne

me toucherait en ce moment un verre de vin frais. La langue me pèle faute d'humidité, comme dirait ton maître Rabelais.

Nous entrons dans le cabaret du *Parisien;* nous nous installons à l'ombre et nous décoiffons avec empressement deux bouteilles qui ne font que nous mettre en soif. Une troisième bouteille a le sort des deux autres — aussi inutilement. Plus nous buvons, plus nous sommes altérés.

Tout en buvant, nous demandons à l'aubergiste pourquoi on l'appelle le *Parisien.* Il nous apprend que c'est à cause de son père, qui a été une fois à Paris, il y a vingt ans. Quant à lui, jamais il n'a quitté les Vosges, ni même le Chipal où il est né, où il s'est marié, où il vit, et où il compte bien mourir. On ne l'appelle pas moins avec obstination le *Parisien*, et il est probable qu'on appellera ainsi son fils et même ses petits-fils. Il vit sur la réputation de son père, comme Louis Racine et Ernest Legouvé sur celle du leur.

N. B. — Ce pseudo-Parisien n'en est pas plus fier !

SOMBRE FORÊT !...

Malgré le soleil, notre ennemi intime, nous escaladons une montagne chauve comme Gustave Mathieu, rocailleuse comme *Agnès de Méranie*, et peuplée de grands lézards verts aux yeux d'or.

Repos d'une heure à la corne d'une forêt de sapins, merveilleuse de solennité et de poésie. Je comprends Mathilde chantant :

« Sombre forêt !... »

Sombre et belle, belle et sombre. Malgré le voisinage de ce que Daudet appelle une *moucherie*, nous jouissons pleinement de ce grand spectacle. Devant nous, étendue immense, vallons semés de bouquets d'arbres, de fermes isolées, de champs de blé, jaunes comme des pains sortant du four, montagnes partout et encore ailleurs. Derrière nous, à côté de nous, la forêt. Le vent dans les sapins produit des ronflements d'orgue grandioses : on dirait du *Dies iræ*. Nous écoutons, ravis.

Quel arbre, le sapin ! Il est religieux et philosophique, il fait prier et penser, pleurer et sourire. Ces centenaires vigoureux et fiers, qui ressemblent à des colonnettes d'église, donnent à la forêt quelque chose d'austère, de mélancolique, qui saisit fortement. C'est peut-être dans l'un de ceux qui m'entourent en ce moment que sera taillé, par le tailleur de la mairie, mon dernier paletot — que les vers déchireront si vite...

« Le cercueil était en sapin,
La prière était en latin...
Derrière le cercueil venait
La mère, une petite femme
Qui, sous les fleurs de son bonnet,
Sanglotait à vous fendre l'âme... »

— Pouquoi Michelet n'a-t-il pas songé à faire la *Forêt ?* me demande Daudet.

— Je n'en sais rien, mon ami. Le sujet était bien digne de lui, pourtant ! Mais s'il ne l'a pas tenté, il en a tenté d'autres, par exemple Gustave de Pudlitz dont j'ai jadis mis en français le *Was sich der wald erzahlt*. (Ce qu'on entend dans la forêt), dont le mot à mot m'avait été fourni par un médecin allemand fort original dont je te raconterai la vie un de ces soirs. Les principaux personnages de la forêt racontent chacun son histoire — qui est celle de la forêt elle-même : le rocher, le ruisseau, le brin d'herbe, le sapin...

— Et que dit le sapin ?

— Beaucoup de choses, ami Daudet, et je ne suis pas bien sûr de me les rappeler toutes.

— Essaie pendant que nous sommes seuls.

— Volontiers. Je commence donc. « — Pourquoi donc le sapin craquait-il ainsi lorsque la pâquerette se plaignait de la rigueur de l'hiver envers les fleurs ? demanda le tilleul. — C'est parce qu'il n'est pas content, répondit le chêne. Quand le sapin n'est pas content, il fait entendre de sourds craquements de colère qui effraient beaucoup les petites filles comme la pâquerette. Ne l'as-tu donc pas encore entendu ? Quand le vent arrive en furieux dans la forêt et qu'il nous crie d'une voix tonnante, à nous, les arbres : « Inclinez-vous sur mon passage ! courbez vos têtes, jeunes et vieux ! » le sapin nous crie à son tour : « Restez fermes et debout ! La servilité ne sied qu'aux hommes ! » Mais les arbres ont peur du vent, qui est brutal, et ils s'inclinent tous bien humblement devant lui comme devant leur maître et ils le remercient même d'être venu. Le sapin seul se raidit, indigné, scandalisé de cette lâcheté générale, et, dans son indignation, il craque et recraque d'un ton sourd et d'un air bourru. — Mais qu'y a-t-il donc de commun entre l'Hiver et la pâquerette ? répondit le tilleul. — Demande-le au sapin ! répondit le peuplier bavard. Demande-le lui ; il te l'apprendra, sans doute... Prends garde, cependant !... il lui arrive assez souvent de faire des réponses aiguës et mordantes... » Cet avertissement méritait d'être pris en considération, comme tous les avertissements tombés de haut sur le pauvre monde. Mais le tilleul était curieux, très curieux : qui oserait lui en faire un reproche ? Quand on est, comme lui, cloué éternellement à la même place, on tient à entendre raconter ce qu'on ignore, au risque de s'attirer quelque verte sortie de la part du raconteur. Et puis, quand on reçoit de ces épigrammes-là sur la tête, on n'a qu'à se secouer pour les faire tomber... Les hommes ne font pas autrement : les arbres peuvent bien les imiter. Cependant, quoique curieux, le tilleul était prudent. Il réfléchit pendant quelques instants, cherchant un moyen d'entrer en conversation avec le sapin sans l'offenser. — « Sapin, lui demanda-t-il poliment, d'où vient donc que tu portes toujours le même habit vert ? D'où vient qu'il est toujours sur ton échine en n'importe quelle raison, neige ou soleil, jours clairs ou jours pluvieux ?... — Parce que je n'ai pas de vanité comme vous et que, comme vous, je n'ai pas besoin, à chaque instant, de quelque ornement nouveau ! répliqua sèchement le sapin. — Bon, mets cela dans ta poche ! dit le peuplier qui n'était pas fâché de voir humilier le tilleul... »

Daudet vient de se lever. Je me lève aussi.

— Tes arbres sont amusants comme tout, cher Spark, et je te prie de continuer, mais en marchant, afin que nous soupions et couchions ce soir autre part que dans la forêt. Je pressens un orage et j'aime autant le voir de ma fenêtre que de le recevoir sur le dos. Nous ne sommes pas encore aux Prés de Rave...

— *Forward,* soit !

MONSIEUR ET MADAME LE MAIRE

Nous marchons perpendiculairement, d'abord sans parler — de peur de troubler le silence solennel de la forêt. Moi qui avais jusqu'ici une sainte horreur de l'eau — *comme boisson*, — je me penche avec avidité sur chaque source que je rencontre et j'y lappe pendant des minutes et des minutes, sans tenir compte des exhortations de mon compagnon, prudent comme Ulysse, quoique aussi jeune qu'Achille. C'est si agréable de se désaltérer dans le courant d'une onde pure qui saute comme une chevrette de roche en roche, à travers les grandes valérianes blanches et les grandes digitales roses, le long des sureaux aux grappes rouges et des myrtilles aux baies noires !

— Admirable prévoyance de la mère Nature ! La montagne donne des palpitations et elle les ôte ! On ne pourrait pas vivre sur ces hauteurs si la valériane et la digitale n'y poussaient en si grande abondance ! O Nature !

— Sans doute, ami Spark ; mais la moindre soupe aux choux ferait bien mieux mon affaire... La journée s'avance et nous n'avançons guère... Où dînerons-nous ? Où coucherons-nous ?

> Aux petits des oiseaux Dieu donne la pâture,
> Mais sa bonté s'arrête à la littérature. .

— Homme de peu de foi et d'encore moins de jambes ! Comme tu me rappelles Duchesne par ses mauvais côtés ! Un poète, fi !

— Mon cher Spark, je ne suis pas poète, je suis voyageur. La poésie nourrit : le voyage creuse. Sers-moi, pour tromper ma faim, une autre tranche de Pudlitz. Nous en sommes restés à la riposte du sapin grognon au tilleul indiscret...

— « La riposte était vive, mais elle était injuste. Parce que la Nature l'avait fait naître ainsi, simple, austère et pauvre, ce n'était pas une raison pour qu'il reprochât aux autres arbres leur élégance, leur grâce, leur luxe, leur richesse. Le sapin n'était pas plus sage, en parlant ainsi, que ne le sont les hommes qui raisonnent de cette façon et ne reconnaissent pour vertus que celles qui leur sont personnelles. Tous les penchants qu'ils n'ont pas, ils les condamnent chez les autres. Ceux à qui leur éducation ou leur tempérament défend les plaisirs frivoles et les occupations juvéniles, traitent dédaigneusement ces occupations et ces plaisirs comme le bœuf de labour le cheval de course, comme le grave professeur le folâtre comédien, comme l'ignare bourgeois le divin poète... Tous ceux-là sont plus injustes et moins sages encore que le sapin...

— Comme ce goitreux d'hiver qui nous en voulait d'avoir le cou sain !... Pardon, cher Spark, daigne continuer... Tes arbres raisonneurs m'intéressent vivement, et je trouve que tu as à merveille choisi ton cadre. La fantaisie de Gustave de Pudlitz ne doit se raconter qu'en forêt...

— « Le tilleul fut tenté de regimber contre l'apostrophe du sapin. Il lui semblait qu'il avait droit à plus de respect, lui, l'arbre aux larges feuilles, aux fleurs odorantes, balsamiques, au port si noble ! lui qui a l'honneur de frémir sous les doigts roses des jeunes pensionnaires, quand l'industrie l'a métamorphosé en touches de piano ! lui qui prête ses fleurs comme dictame aux vieux pensionnaires de la [illegible] !... Le tilleul était susceptible et ombrageux, mais il était plus curieux encore, curieux comme un sacristain qui, au sortir de l'église, recueille tous les caquetages des dévotes. C'est si bon, la curiosité! D'ailleurs, à quoi cela l'eût-il avancé, le tilleul, de bouder le sapin? Il n'aurait pas su l'histoire de l'Hiver, ni nous non plus. Il se contenta donc de marmoter en dedans, puis: « Sapin, dit-il d'une voix insinuante, toi qui connais l'Hiver et qui l'aimes, à ce qu'il paraît, tu pourrais bien nous raconter quelque chose sur son compte... Nous autres, qui dormons d'un profond somme lorsqu'il vient ici, nous ne savons absolument rien de lui, sinon qu'il est venu et reparti. Toi, au contraire, tu es éveillé et tu l'accueilles avec joie, et vous avez ensemble de longs entretiens. Que peut-il bien te dire, à toi, son ami?... »

— Curieux comme une visitandine, ce tilleul

— « Le sapin cessa de craquer comme il avait fait jusque-là, et tous les arbres de la forêt prêtèrent l'oreille pour entendre sa réponse. Seul, un vieux saule, qui se respectait, murmura au tilleul: « Tu n'as vraiment pas de cœur de chercher à causer avec ce vieux grognon de sapin! » Le sapin, l'entendant, grommela: « Le saule a raison; laissez-moi tranquille! Et que ceux qui veulent connaître l'Hiver restent éveillés à son approche! » La conversation allait en rester là; mais le chêne intervint, et, de sa rude voix d'honnête arbre, dit au sapin: « Tu me parais un gars peu amical, sapin!... Pourquoi te fais-tu plus méchant que tu ne l'es? Tu veux effrayer de ta grosse voix nos compagnons! Eux, mais non moi, car je te connais de longue date, sapin, et j'étais un arbre fait que tu n'avais pas encore un an et qu'on ne te voyait qu'un bourgeon.

Pourquoi être bourru, grondeur, acariâtre, quand on peut être tolérant et doux ? Pourquoi rembarres-tu ainsi tes voisins, tes compagnons de forêt ? N'avons-nous pas tous le même berceau et le même sol ? Nos racines ne s'étreignent-elles pas fraternellement dans la terre comme nos branches s'entre-croisent dans le ciel ? Ne bravons-nous pas des dangers communs auxquels nous ne pourrions résister si nous étions isolés ? Il n'est pas bon de vivre ainsi que tu le voudrais, sans communiquer avec tes frères, parce qu'ils ont des feuilles et toi des aiguilles, parce qu'ils ont l'écorce tendre et que tu l'as dure. Sapin, sois doux et amical avec eux durant les bons jours, puisque tu partages avec eux les épreuves des mauvais jours... »

— C'est la raison même, ce chêne !

— C'est ce que comprit le sapin... « Le sapin sentit la leçon, et, comme elle était méritée, il s'exécuta. Après s'être recueilli pendant quelques instants : « Vous voulez connaître l'histoire de l'Hiver ? dit-il. Alors abandonnez les préjugés et les opinions fausses que vous avez contre lui, car vous ne l'aimez pas, sans savoir pourquoi... Lorsque le Seigneur Dieu eût créé le monde... »

— Ah ! cher Spark, passe au Déluge !... D'autant plus que je nous crois arrivés aux Prés de Rave, malgré notre guide...

En effet, à force de marcher perpendiculairement, nous avons fini par rencontrer un sentier qui, par une pente douce, nous a amenés aux cinq ou six grandes prairies étagées dont M. le maire du Chipal est le fermier, et à la ferme dont il est le propriétaire. Nous sommes aux Prés de Rave.

— Monsieur le maire ? demandons-nous à un

groupe de faneurs qui passent à quelque distance de nous.

— Là-bas, en train de surveiller ses ouvriers, nous répond-on.

— Et sa femme ?

— Là-haut...

Là-haut, c'est très-haut et encore assez loin. Il faut mettre une rallonge à notre courage, car nous nous croyions déjà arrivés, et, nous croyant arrivés, nous nous sentions horriblement las.

Le sentier qui mène *là-haut* est si pittoresque, le vent du soir nous apporte de si bonnes odeurs de foins coupés, que nous ne nous plaignons pas et que nous arrivons à la ferme presque sans nous en apercevoir.

UNE NUIT DANS LES BOIS

Dans quelle admirable situation elle se trouve, cette ferme des Prés de Rave ! Derrière elle, un horizon de montagnes à perte de vue. Devant elle, descendant vers la forêt que nous venons de quitter, une immense prairie en dos d'âne, que la faulx des faneurs entamera demain.

Personne n'est là pour nous recevoir, qu'un chien qui nous montre des crocs éblouissants que bien des gens voudraient avoir — ailleurs que dans les mollets. « Madame la mairesse va et vient » nous dit une servante dans un patois quelconque, — en *prochmo* peut-être. Pour elle, nous sommes des *quirioux*, et les travailleurs n'aiment pas les curieux. Quand nous sommes arrivés, elle était sur le seuil de l'étable, en train de traire une vache garell e. après être venue nous répondre, elle est rentrée dans la *stoye* faire sa *lasseye*. Nous nous asseyons sur la terrasse rustique placée devant la maison, et nous attendons, pleins de confiance dans notre étoile, malgré la réponse de Segrais à la Gourville, citée par moi la veille.

Les voitures arrivent une à une, lentement, traînées par de grands bœufs d'aiguille. Les faneurs chantent de rustiques chansons d'un grand effet à cette heure et dans ce pittoresque désert tout imprégné d'enivrantes senteurs. Nous sommes sous le charme, Fantasio et moi.

Madame Simon, la fermière, survient avec un bataillon de faneuses, laides pour la plupart, mais curieuses !... Nous lui présentons respectueusement nos hommages et notre requête.

— Si vous voulez souper, bien! dit-elle. Vous souperez avec nos gens. Mais, pour coucher, il n'y faut pas songer... à moins toutefois qu'il ne vous plaise de partager la grange avec eux... il y a de la paille pour tout le monde...

« Amour à la fermière! Elle est
Si gentille et si douce!
C'es l'oiseau des bois qui se plaît
Loin du bruit dans la mousse.
Vieux vagabond qui tend la main,
Enfant pauvre et sans mère,
Puissiez-vous trouver en chemin
La ferme et la fermière! »

M. Simon, le maître-fermier, rentre à son tour avec son escorte de faneurs, non moins curieux que les faneuses, — mais un peu moins laids. Il nous accueille affectueusement, et regrette de n'avoir pas à nous offrir d'autre chambre que la grange. Mais, en ce moment, une soixantaine d'ouvriers et d'ouvrières à héberger... Nous comprenons parfaitement et nous le remercions.

La nuit est venue. La soupe fume sur la table, où nous prenons place, Daudet et moi, et où viennent s'asseoir en silence ces soixante travailleurs des deux sexes, qui tous ont bien gagné leur souper. Nous aussi. M. Simon s'assied au milieu d'eux, et madame Simon sert tout son monde sans oublier personne — pas même nous. On devait souper ainsi chez les patriarches de la Bible.

La soupe est bonne, mais les faneuses nous regardent trop : n'ont-elles donc jamais vu d'autres Parisiens que l'aubergiste du Chipal? Si au moins elles étaient jolies !

Après la soupe, de grandes languettes de lard avec je ne sais plus quels légumes auxquels je ne touche pas. La *boisson* n'étant pas potable pour nous quoique les faneurs semblent boire avec volupté, nous demandons et nous obtenons du vin, — ce qui nous regaillardit tout à fait.

Mais il fait bien chaud dans cette salle... Ces braves travailleurs et ces braves travailleuses... je ne dis pas... mais, enfin, c'est bien à tort que l'on accuse les tyrans de boire leur sueur... Cela n'est pas possible ! Les tyrans ne sont pas des imbéciles ! ils préfèrent le lacryma-christi.

Nous, nous préférons la forêt — qui sent si bon.

La nuit est claire et sereine, malgré la prédiction de Fantasio. Nous pourrons choisir notre campement. Nos pipes sont allumées, nous redescendons gaiement la prairie sans nous apercevoir que nous nous mouillons les pieds dans la rosée.

La prairie traversée, nous rentrons dans la forêt, pleine de bruissements mystérieux et charmants. Tout son monde est couché, pourtant, à cette heure?... Eh! précisément, c'est la respiration de tous ses habitants endormis.

Nous choisissons une clairière, nous déroulons notre couverture, nous plaçons notre sac en guise d'oreiller, et, en route pour le sommeil!

« De l'escabeau vide au foyer
Là, le pauvre s'empare,
Et le vieux bahut de noyer
Pour lui n'est point avare!
C'est là qu'un jour je vins m'asseoir,
Les pieds blancs de poussière,
Un jour... puis en marche et bonsoir
La ferme et la fermière! »

VI

MOI, PAUVRE BÊTE SAUVAGE !

Samedi, 15 juillet.

Malgré la couverture de Fantasio, nous avons eu froid cette nuit dans la forêt, et nous marchons raide pour nous réchauffer. La veille, au souper, nous avons entendu parler des lacs de Gérardmer, de Longemer,de Retournemer, de je ne sais quelle autre mer, — et cela nous a naturellement donné l'envie d'aller les voir.

Nous refaisons une partie du chemin que nous avons fait hier pour venir aux Prés de Rave. Seulement, au lieu de descendre, nous remontons, — notre guide toujours en avant.

Quoiqu'il soit de grand, très grand matin, nous rencontrons déjà des travailleurs, à gauche des bûcherons, à droite des faneurs, et, parmi ces derniers, M. Simon qui nous secoue cordialement les mains.

— Vous n'avez pas eu peur, cette nuit ? nous demande-t-il.

Nous le regardons, étonnés.

— Peur de quoi ?

— Je ne sais, mais nos chiens ont hurlé comme de grands diables... Et puis, il y a du gros gibier dans ces forêts-ci!...

— Ah bah!... Alors, monsieur Simon, quand vous le verrez, dites-lui bien des choses de notre part, s'il vous plaît?...

Et, saluant le bonhomme, nous repartons gaiement du pied gauche...

— Ainsi, dit Daudet devenu rêveur devant la grosse santé de notre hôte, cet homme ne se contente pas d'être fermier, il faut encore qu'il soit maire?

— Tu peux ajouter: et marcaire. Une triple couronne! une tiare!

— Un pape sylvain!

— Marcaire? je comprends. Fermier? je comprends encore. Maire? je comprends moins; car enfin, il demeure aux Prés de Rave, et, quand ses administrés de la Croix-aux-Mines et du Chipal ont besoin de lui, il faut qu'ils fassent deux lieues, et deux lieues de montagnes pour le venir quérir!...

Nous sortons de la forêt et nous retombons dans la plaine. Personne, à cette heure matinale, pour nous indiquer la route à suivre. Nous nous résignons à obéir à notre guide qui tantôt marche devant, tantôt marche derrière, heureux des vilains tours qu'il nous joue.

A notre gauche, la forêt reprend, formant bordure à l'entonnoir au fond duquel nous sommes descendus: la forêt reprend, nous reprenons la forêt, attirés vers elle par de secrètes sympathies. Une échelle de Jacob — un sentier de chèvres — nous ramène vers elle. Nous n'aurions pas été fâchés de rencontrer l'ange traditionnel sur l'un de ses échelons: nous nous serions agréablement colletes avec lui... Les anges manquent à notre voyage...

Nous traversons le village de Plainfaing... Très industriel, ce village. Nous y obtenons le même succès qu'à Strasbourg. A Strasbourg, cela m'agaçait d'être ainsi regardé ; mais je me suis *culotté*. D'ailleurs j'ai trouvé un bon moyen pour dérouter la curiosité directe : c'est d'aller au-devant d'elle, c'est-à-dire de marcher droit vers les gens que nous rencontrons, et, les regardant entre les deux yeux, de leur demander notre chemin — comme on demande la bourse ou la vie. Cela les interloque, ils oublient leur rôle de curieux pour ne songer qu'à leur rôle de cicerone, — et le tour est fait ! Peut-être se dédommagent-ils lorsque nous sommes passés, certainement, même ; mais qu'importe ? nous ne les voyons plus, nous.

En sortant de Plainfaing, nous entrons dans un vallon encaissé entre des montagnes d'où descendent des ruisseaux bruyants, qui semblent déjà avoir conscience de l'importance qu'ils vont avoir à quelques kilomètres de là, lorsqu'ils seront réunis. Ces ruisselets épars dans la plaine vont en effet former la Meurthe à Saint-Dié. Les fleuves les plus orgueilleux n'ont pas d'autre origine. Les hommes les plus riches, non plus. Ce qui est quelque chose a presque toujours commencé par n'être rien. Mais les fleuves et les puissants de ce monde ne voudront jamais en convenir !

Le soleil est presque à son zénith, et, en outre, nous éprouvons le besoin de nous restaurer. Pas d'auberge dans ce vallon inhospitalier, — un désert. Il faut songer à gagner un abri, un réfectoire et un dortoir.

Nous avons acheté en route un chanteau de pain et un chanteau de jambon fumé : nous nous installons, pour manger ces provisions, à l'ombre d'un vieux pont, au bord d'un ruisseau tapageur où nous mettons rafraîchir notre gourde, pleine d'eau-de-vie de marc.

Déjeuner frugal, mais qu'assaisonne notre appétit. Le contenu de la gourde, seul, nous fait faire la grimace. J'aime mieux l'eau du ruisseau.

Personne. Pas de bruit, — pas même un froussement d'ailes ;

« Pas même la chanson naïve et monotone
Que chante un mendiant à l'ombre du vieux pont. »

Les oiseaux et les hommes font leur sieste. Nous allons faire la nôtre, la tête dans l'ombre et les pieds dans l'eau.

Un pêcheur de truites, en haillons, vient jeter sa ligne devant nous, sans nous voir.

— Cela mord-il ? lui demande Fantasio.

Le pêcheur bondit, effarouché, replie sa ligne et s'enfuit. Il y a gros de mouches artificielles à parier que cet homme n'est pas autorisé à pêcher des truites. Mais, comme nous n'aimons pas à gêner le pauvre monde, nous roulons notre couverture et nous quittons notre dormoir.

Si nous étions condamnés à marcher ainsi sous ce soleil implacable, nous nous y refuserions. Mais comme c'est de notre plein gré que nous marchons ainsi, nous trouvons cela moins dur. Moins dur, — mais dur !

Voici le Petit-Valtin, un village silencieux. Nous avons soif et faim. C'est le moment de *goûter*. (A Paris, nous dirions *luncher*.) Un cabaret s'offre à nous : nous nous offrons à lui et nous entrons dans son poêle...

Dans les Vosges, ce qu'on appelle le *poêle*, c'est une pièce à tout faire, où les gens du dehors viennent boire tous les dimanches. Il y a un lit, large comme celui de Louis XIV, et un poêle haut comme un premier étage. Il paraît que l'hiver est rude par ici.

La cabaretière est triste. Nous voulons savoir pourquoi, et, tout en buvant un diable de vin blanc d'un goût de pierre à fusil qui nous permet d'avaler nos tartines de Gérardmer, nous lui demandons la cause de sa mélancolie.

— Ah ! pleure-t-elle. Je ne suis qu'une pauvre bête sauvage, moi !

Ce n'est pas une réponse ; mais il n'y a pas plus moyen d'en obtenir d'autre que d'avoir à manger autre chose que du fromage de Gérardmer. A-t-elle donc perdu son mari ? Non. Son enfant ? Non. Est-elle pauvre ? Non. Est-elle malade? Non. Mais alors?

Pauvre bête sauvage !

CE QU'ON ENTEND DANS LA FORÊT ET CE QUE LA FORÊT ENTEND

Après le Petit-Valtin, le Grand-Valtin. Personne n'étant là pour nous tracer notre itinéraire, force nous est de nous en rapporter à notre guide. A droite, une route qui mène peut-être à Gérardmer. A gauche, une forêt qui peut-être nous en éloigne.

Nous prenons la forêt, plus majestueuse, plus solennelle encore que celle que nous avons traversée hier pour aller aux Prés de Rave. Il y fait sombre comme dans une église. C'est superbe !

— Une tranche de Pudlitz, s. v. p. ! me demande

Daudet, mis en goût par la grandiose poésie du lieu que nous traversons.

Je lui sers la tranche demandée.

— « Lorsque le Seigneur Dieu eut créé le monde, les fleurs poussant dans les prairies et les arbres dans les forêts, il appela les Saisons et leur dit : « Voilà ce que j'ai fait ; c'est pour vous, faites-en ce que vous voudrez, partagez-vous les champs et les bois, les arbres et les fleurs, mais surtout aimez-les pour l'amour de moi. » Il dit, et les Saisons, heureuses, le remercièrent. Pendant quelque temps, tout alla bien, il y eut un accord parfait entre les Saisons et la Création. Mais bientôt leurs bonnes relations furent troublées et la terre s'en ressentit. Le Printemps, trop pétulant, trop guilleret, ne pouvait sympathiser avec l'Hiver, lent, lourd et dur. L'Eté, plein d'ardeurs sans pareilles, trouvait l'Automne trop flegmatique. De son côté, l'Automne accusait le Printemps de gâter les fleurs par trop de caresses. La querelle s'envenima, personne ne voulant faire de concessions. « Puisque nous ne pouvons nous entendre, dit alors l'Automne, séparons-nous et, en nous séparant, partageons-nous la terre. » Les Saisons y consentirent : l'Hiver se réfugia aux pôles où il voulut régner en maître ; l'Eté prit possession du milieu de l'Univers, et le Printemps et l'Automne consentirent à faire les interrègnes comme des sous-saisons. Si l'un empiéta quelquefois sur l'autre, ce ne fut jamais l'Hiver qui resta toujours dans sa vieille maison du pôle durant le temps convenu. — « Et d'où sais-tu cela? demanda le tilleul. — Un de mes cousins, qui a été par là, me l'a dit. — Le sapin veut se moquer de nous, attention ! murmura le peuplier, agitant la tête d'un air d'incrédulité. — Comment son cousin aurait-il vu cela? N'était-il pas forcé de rester en place comme nous ? reprit le tilleul soupçonneux. — Voilà comment la chose s'est faite, répondit le sapin. Un jour des hommes vinrent ici, audacieux et résolus, cherchant du bois pour construire un vaisseau. Mon cousin, un des plus hauts et des plus sveltes sapins qui pût se voir, fixa aussitôt leur attention et leur convoitise : ils l'abattirent et en firent un mât. On prit la mer. Les aventuriers placèrent un grand drap de toile bise sur les épaules de mon cousin en lui disant : « Tiens bien cela ! » et, sur sa tête, un pavillon aux couleurs éclatantes qui, en se déployant au vent, faisait un frou-frou très agréable pour mon cousin qui aime cette musique-là, à ce qu'il parait. Cela l'égaya beaucoup tout le long du voyage. Aussi se conduisit-il bravement. Chaque fois que le vent arrivait sournoisement pour lui enlever le grand drap de toile bise qu'il avait sur les épaules, il se raidissait et tenait bon, à cause de quoi les matelots l'estimaient fort et le préferaient aux autres mâts plantés sur le vaisseau. On allait vers le Nord. Les aventuriers qui montaient ce navire voulaient, comme d'autres qui les avaient précédés, découvrir un passage par là. Ils prétendaient avec raison qu'il devait y en avoir un. Il y en a un, en effet ; seulement, il est difficile à trouver, et notre ami l'Hiver fait tout ce qu'il peut pour dérouter les recherches. Quand nos aventuriers abordèrent sa maison, d'un aspect simple et grandiose, il en sortit un peu étonné de cette étrange visite. Se rappelant alors la façon bourrue dont il est reçu par les hommes lorsqu'il va chez eux (excepté cependant par ceux qui font leur fortune avec lui) il se disposa à les recevoir de la même façon. Il avait raison, le bonhomme Hiver, de les payer de leur monnaie : il y a des réciprocités de mauvais sentiments comme il y a des réciprocités de sentiments affectueux... »

— Très philosophique, tout cela, ami Spark !

— « Le bonhomme Hiver secoua donc avec humeur sa tête chenue autour de laquelle tourbillonnaient des légions de flocons blancs. Il voulait ensevelir le vaisseau et ceux qui le montaient dans un épais linceul de neige !... C'est alors qu'il aperçut mon cousin, et, comme nous autres sapins nous l'aimons et le vénérons, il sentit un instant fondre sa colère et se mit à causer amicalement. Il demanda beaucoup de choses à mon cousin : comment se portaient ses frères, les autres sapins de la forêt natale, ce qu'ils faisaient et disaient quand il les avait quittés, et lorsque mon cousin lui eut à peu près raconté tout ce qu'il savait, le bonhomme Hiver, à son tour, lui raconta une foule d'histoires miraculeuses et intéressantes. Il n'est pas bavard, d'ordinaire ; mais lorsqu'il trouve un auditoire attentif et respectueux, il se sent des démangeaisons irrésistibles de parler de tout et de beaucoup d'autres choses encore. Il avait rencontré cet auditoire-là dans mon cousin, et il voulait le garder longtemps avec lui pour lui raconter en détail sa vie mélancolique. Les vieilles gens aiment à se rappeler leurs jeunes années, et ils ont à défiler un long chapelet de souvenirs qui, souvent, n'ont vraiment d'intérêt que pour eux. Le bonhomme Hiver était si heureux, si heureux, d'avoir quelqu'un à qui faire ses confidences, que chaque jour, de ses bras solides, il étreignit avec plus d'énergie le navire sur lequel était mon cousin... »

— C'est très allemand, cette racontaine !

— Très allemand, puisque c'est de Gustave de Pudlitz... « Mon cousin était enchanté de causer avec le bonhomme Hiver, ou plutôt de l'entendre causer. Les histoires interminables qu'il lui racontait familièrement le comblaient d'aise. Mais mieux il s'en trouvait, plus l'équipage en souffrait. Un matin, il se fait une sourde rumeur sur le navire. On allait, on venait ; on était désespéré — et il y avait de quoi ! Les provisions de bouche duraient encore quoique les rations fussent très maigres, mais il n'y avait plus à bord le moindre combustible, et le Kuchenmeister n'avait même plus de quoi faire cuire les oiseaux de mer que l'on abattait de temps à autre à coups de fusil. L'équipage s'assembla, se consulta, et l'homme de la barre dit de sa voix rude « Notre bois est brûlé ; de la quille à l'étrave on ne découvrirait pas un fêtu propre à faire bouillir notre marmite et surtout à réchauffer nos membres engourdis. En outre, nos salaisons et notre biscuit tirent à leur fin. Si nous ne parvenons pas à faire fondre la glace qui retient notre vaisseau prisonnier dans ces parages maudits, nous sommes assurés de périr bientôt misérablement, soit de faim, soit de froid, soit des deux à la fois. Nous avons encore le grand mât : abattons-le et brûlons-le, cela nous permettra d'attendre encore un peu, et peut-être parviendrons-nous, à l'aide de sa flamme, à faire dégeler l'ancre de glace qui nous tient amarrés sous cette latitude de mort. » Le grand mât, c'était mon cousin. Vous jugez si ce discours fit impression sur lui ! Il n'eut pas plus tôt surpris la résolution brutale de l'équipage a son endroit, qu'il interrompit les racontars du bonhomme Hiver, et, s'adressant à lui en termes pressants, il le supplia de lâcher le vaisseau qu'il étreignait chaque jour avec plus d'énergie, avec tant d'énergie même, que, de la poupe à la proue, de bâbord à tribord, il commençait à craquer sinistrement. Le bonhomme Hiver fit d'abord la grimace, moitié parce qu'il se voyait interrompu dans ses racontages, moitié parce qu'il n'entrait pas dans ses idées de lâcher ainsi la proie que le hasard lui avait envoyée. Il voulait punir les aventuriers de leur témérité, et il lui en coûtait beaucoup d'accéder aux prières de mon cousin. Cependant, comme celui-ci, en sa qualité de sapin, était son favori parmi les arbres, il consentit à sauver le navire, et fit pour un sapin ce qu'il n'aurait pas fait pour les hommes ; la glace se fondit, la neige cessa de tomber, et navire et équipage s'en revinrent sains st saufs dans leur patrie où les aventuriers s'empressèrent de déclarer le passage au Pôle-Nord impossible à trouver... »

— Tout cela est fort beau, ami Spark, mais un peu long. A cette grosse machine de Pudlitz je préfère (pardonnez-moi tous les deux !) ces quatre ou cinq couplets de Théodore Kœrner, le Tyrtée allemand, mort glorieusement sur le champ de bataille de Dresde, comme il convenait à l'auteur de *Leier und schwerdt*...

— Je ne suis pas offusqué de ce que tu me dis là, ami Fantasio, n'ayant pas la prétention d'avoir découvert Gustave de Pudlitz dont le « Bouquet de contes » doit être aujourd'hui à sa quarantième édition, puisqu'en 1853 il en était déjà à sa dix-huitième... Dis-moi donc les couplets de Kœrner : je suis disposé à les écouter avec recueillement, assis sur cette mousse, au bord de ce ruisseau, car je suis horriblement las...

— Je ne suis pas moins las, dit Fantasio en s'étendant sur un tapis de mousse, à quelque distance de moi.

Une profonde tranquillité plane sur la nature. Un bruit léger interrompt seul ce silence solennel : c'est le susurrement cadencé du ruisseau, cette éternelle horloge de la forêt, dont le tic-tac monotone est formé par ses heurts contre les pierres et les racines qu'il rencontre dans sa course. Tantôt reluisant au soleil comme une nappe d'or en fusion, tantôt estompé d'ombres mouvantes lorsqu'il passe sous les ramures chargées de feuilles ou lorsque le ciel s'estompe lui-même de nuages, il reproduit une infinie variété d'images sur la surface ondulée de son pur cristal, — oiseaux effarouchés, branches frissonnantes, biches curieuses, rayons éclatants, nuées vagabondes et le reste.

La belle sieste ! Pourquoi cette admirable forêt de la Bûche n'est-elle pas aux portes de Paris !

— J'ai écouté respectueusement le *Sapin* de Gustave de Pudlitz ; écoute à ton tour, ami Spark, le *Sapin* de Théodore Kœrner, une de mes impressions de collège :

« La vigne dit un jour au sapin : Tu t'élances avec orgueil vers le ciel, et moi je rampe en me tordant sur la terre, notre mère commune ; mais tu es raide et froid, sapin !

« Si je ne répands pas, comme toi, un ombrage épais sur le voyageur fatigué, du moins le suc foulé de mes grappes vermeilles le réconforte et le regaillardit !

« Quelle joie je répands en automne dans la demeure des hommes, et quelle jeunesse j'allume dans les veines épuisées des vieillards !

« Ainsi parla la vigne. Le sapin l'avait écoutée en silence; quand elle eut fini de parler, il poussa un soupir et répondit avec mélancolie :

« O vigne, je reconnais volontiers tes précieuses qualités; mais tu oublies trop volontiers aussi les miennes. Au voyageur lassé de la vie je donne un repos meilleur et un contentement plus grand que ceux qu'il peut attendre de toi : je l'enferme entre les quatre planches d'un cercueil !... »

En ce moment passe un orgue de Barbarie. Est-ce que je rêve? Sommes-nous dans les Vosges ou dans le département de Seine-et-Oise? dans la forêt de la Bûche ou dans le bois de Satory? Un orgue, ici? Hélas! oui. Nous en prenons vite notre parti — et même nous en tirons parti : moyennant vingt sous, cet orgue de Barbarie nous *moud* les airs les plus exquis de Bellini. De Bellini seulement, n'en ayant pas d'autres dans son moulin. Quand il a fini nous le faisons recommencer : ce n'est pas pour la vaine satisfaction de lui faire gagner ses vingt sous, — c'est seulement pour le réel plaisir d'entendre une adorable musique dont on ne peut se lasser...

Les sapins de la forêt n'ont jamais été à pareille fête.

Le Piémontais cesse enfin de moudre et il s'éloigne, ravi de l'aubaine. C'est son étrenne de la journée — et il est cinq heures !

ENTOMOLOGISTE ET MINÉRALOGISTE MÊLÉS

Pendant que le moulin à musique s'en va de son

côté, nous nous en allons du nôtre en lui tournant le dos : il va d'où nous venons et nous allons d'où il vient. Voilà un homme que nous sommes bien sûrs de ne jamais rencontrer!

Nous sortons de la forêt de la Bûche, et nous suivons notre guide qui nous fait prendre un petit sentier pénible d'où nous sommes de nouveau exposés à l'artillerie du soleil, qui nous mitraille sans pitié, épuisant sur nous ses dernières gargousses.

Ce petit sentier qui ondule sur un flanc de la montagne, quoique pénible, a ses charmes : à notre gauche, dans le lointain, un lac couronné de forêts sur la hauteur! Nous tressaillons de plaisir. « Un lac! un lac! » Jean-Jacques ne criait pas avec plus de joie : « Une pervenche! une pervenche! » Les voyageurs pédestres comme nous ont de ces pervenches-là à chaque pas.

Je tire la langue et le pied, — la langue de soif, le pied de fatigue. Mais nous avons résolu de souper et de coucher à Gérardmer, et nous souperons et nous coucherons à Gérardmer.

Nous avons résolu : je devrais dire *moi*. Daudet ne tenait pas plus à cette villette qu'à n'importe quel village. Il préfère même les villages aux villes, — et moi aussi. Mais c'est un docile compagnon et un aimable ami, disposé à faire ce que les autres veulent, et je lui ai dit que j'ai promis à mon cher Fritz, au moment où il partait pour Shangaï, de ne pas manquer d'aller serrer la main à son frère Louis, si j'allais jamais dans les Vosges. Or, je suis dans les Vosges, à quelques lieues de Gérardmer : il faut tenir sa promesse.

Nous marchons, malgré la mitraille de chaleur que Phœbus nous crache au nez avec une persistance de mauvais goût. Pour me redonner un peu de ressort et me forcer à allonger le pas, Fantasio embouche le clairon, — une chanson provençale de son ami Mistral, populaire là-bas, dans les plaines de la Craü, autant et plus que les chansons rustiques de Pierre Dupont dans les ateliers parisiens. C'est l'histoire, en vingt-deux couplets, d'un rénégat provençal, Jan de Lamanon, qui renonce à la religion de Mahomet et à la fille d'un sultan amoureuse de lui, pour s'en revenir dans sa patrie avec des Marseillais qu'il a entendus chanter — en provençal :

« Boire l'allégresse
Avec sa maîtresse,
C'est de Mahomet la félicité;
Mais sur la montagne
Manger des castagnes
Vaut mieux que l'amour sans la liberté !

On dit qu'en étant général d'armée,
La tête enramée
Avec du laurier,
La fille du roi, sensible et jolie,
En fut amoureuse
Et lui dit un jour...

Boire l'allégresse
Avec sa maîtresse, » etc.

« La fille du roi » donne rendez-vous à Jan de Lamanon dans le jardin de son père, et c'est là qu'en attendant son amoureuse :

« Jan, d'un bâtiment prêt au décampage
Entend l'équipage
Chanter marseillais...

Comme l'eau jaillit sous un coup de rame,
Un grand flot de larmes
Crève son cœur dur ;

Le dépatrié songe à sa patrie
Et se désespère
D'être avec les *Turs*... »

Au quatorzième couplet, nous atteignons le pont de Valogne, entre le Saut des Cuves et la Vallée des Granges : nous sommes dans la banlieue de Gérardmer, — une banlieue dont les maisons sont remplacées par des rochers granitiques.

Un sourd mugissement monte jusqu'à nous des entrailles mêmes du torrent sur lequel est jeté le pont. Nous nous penchons pour voir et nous rafraîchir par les yeux, ne pouvant le faire par la bouche. A cinquante pieds au-dessous de nous, assis sur les rochers blancs de l'écume du torrent, en caleçon et en lunettes, sont deux hommes d'un certain âge — à en juger par leur calvitie. L'un est *gros* et *court*, l'autre long et maigre. Que font et que sont ces ondins vosgiens ? Sont-ce des naturels du pays, les génies de la Valogne, des tritons, ou de simples mortels? Par où sont-ils descendus dans ce gouffre? Les rochers sont à pic partout ; nous avons beau chercher une issue quelconque, nous n'en trouvons pas, — et cela nous chiffonne : nous descendrions si volontiers vers cette eau aux remous écumeux ! Nous nous assoirions si volontiers sur ces roches d'Utrecht, à qui de vertes épaisseurs de mousses et de fontinales servent de velours ! Il y a tant d'ombre et de fraîcheur sous ces grands arbres penchés sur le torrent !

Les deux ondins nous ont aperçus et ils se hâtent de substituer à leur caleçon des vêtements moins élémentaires. L'ondin maigre prend dans une crevasse un volumineux parasol blanc qu'il attache sur son dos. L'ondin gras prend un marteau à manche d'acajou déposé sur un rocher, et, avant de quitter la place, il cognotte çà et là, recueillant précieusement les esquilles de granit détachées par son marteau, sans doute pour les examiner plus tard à loisir. Puis l'un et l'autre disparaissent dans je ne sais quelle fissure et nous ne les revoyons plus.

— Cela doit être un minéralogiste, dit Fantasio.

— Oui, et son compagnon un entomologiste... Je l'ai observé avec soin, celui-là : il avait l'air de chercher la petite bête...

Tout à coup, une voix affable, près de nous, sur le pont, se fait entendre.

— Ces messieurs sont artistes? Ils sont séduits par la beauté sauvage de ce site ? Je le comprends ! On vient de loin pour admirer ce torrent... Nous-mêmes, aujourd'hui, nous avons fait huit lieues pour le voir.., et maintenant que nous l'avons vu, nous nous en allons... J'ai bien l'honneur, messieurs!...

C'est l'ondin gras qui nous parle ainsi, en nous saluant courtoisement. Son compagnon, l'ondin maigre, ne nous parle pas, mais il nous salue avec la même courtoisie. Nous saluons à notre tour; et comme il est naturel de n'avoir pas envie de causer avec les gens qui ont envie de causer avec vous, nous partons lestement du pied gauche en entonnant le quinzième couplet de l'histoire de Jan de Lamanon...

IMPRESSIONS A L'HOTEL DE LA POSTE

Nous commençons à rencontrer quelques maisons, — les avant-postes de Gérardmer. Nous rencontrons aussi des Gérardmérois, qui nous regardent avec étonnement, ce qui nous force à nous regarder mutuellement nous-mêmes : nous sommes blancs de poussière, — mais blancs comme des merlans roulés dans la farine. La poussière, ce n'est pourtant pas laid. La boue, à la bonne heure.

Nous faisons bonne contenance; mais, au fond, je me sens troublé. Il est environ sept heures, j'aperçois des groupes de promeneurs : notre entrée ne sera pas précisément triomphale.

— Si tu m'en croyais, ami Fantasio, nous entrerions dans cette auberge borgne : elle est bien assez bonne pour nous, va !...

— Si je t'en croyais, ami Spark; mais je ne t'en croirai pas. Tant plus nous sommes faits comme des voleurs, et tant plus nous devons nous loger comme des princes... Laisse-moi choisir aujourd'hui...

Daudet me quitte pour aborder un bourgeois à qui il demande :

— L'hôtel le plus cher de la ville, s'il vous plaît?

Le bourgeois, fort civil, lui répond :

— Allez chez Reiterhart, à l'*Hôtel de la Poste*... C'est là que vont les Anglais et les personnages de distinction... Là-bas, sur la place, en face du gros arbre...

Daudet remercie, et nous nous dirigeons vers le gros arbre. Les passants continuent à nous regarder avec étonnement. Un gamin, qui était occupé à faire envoler une coccinelle aux élytres d'un rouge vif piquetées de points noirs, interrompt sa chanson pour nous contempler aussi...

« Maréchaud, chaud, chaud,
T'envoleras-tu bientôt
Là-haut... »

A quelque distance de nous, et se dirigeant de notre côté, un brigadier de gendarmerie... Je tressaille d'abord, en souvenir de mes mésaventures belges et françaises ; puis, me rappelant aussitôt qu'avant de partir Daudet et moi nous avons acheté pour deux francs d'honorabilité, je souris intérieurement, et, extérieurement, je cherche à me donner l'air *le plus suspect du monde*. En Belgique, ce que je redoutais, c'était qu'un de ces porteurs de bonnets d'ours me demandât le passeport que je n'avais pas. Maintenant, au contraire, je n'ai qu'un désir, c'est qu'on exige celui que je possède.

Je communique mes impressions à Fantasio, qui s'empresse de conformer son attitude à la mienne et de faire ses cheveux plus longs comme j'ai essayé de rendre ma barbe plus rouge. Je compte beaucoup sur l'effet de poussière de nos vêtements... C'est peine vaine : le brigadier ne fait même pas attention à nous !

— Monsieur, lui dis-je en tirant à moitié mon passe port, mon ami et moi...

Le brigadier passe, dédaigneux. De rage, je me précipite tête baissée sous le vestibule de l'*Hôtel de la Poste*, — le *Grand-Hôtel* de Gérardmer.

Les domestiques nous regardent comme des histoires, et nous les regardons, à notre tour, comme ils méritent d'être regardés, en leur jetant sur les bras, moi le sac, et Daudet la couverture, et en demandant la plus belle chambre avec la plus belle vue. On nous conduit au fond du jardin de l'hôtel, dans une chambre à deux lits, fort convenable, au rez-de-chaussée et donnant sur le lac — qui n'a aucun rapport avec celui d'Enghien.

Le soleil décline à l'horizon : c'est l'heure où l'on soupe. Fantasio veut que nous nous rendions à la table d'hôte, à cause des Anglaises que nous y avons aperçues en passant ; moi qui, tout en aimant passionnément les Anglaises, aime aussi à souper sans être gêné dans mes entournures, je vote pour qu'on nous serve chez nous. Fantasio se résigne — en murmurant.

La belle soirée et le beau lac! On viendrait exprès de Paris pour jouir de l'une et pour admirer l'autre. Les fenêtres sont grandes ouvertes et laissent entrer, avec les parfums attiédis du jardin, une musique de voix féminines. Les fleurs sentent bon, les voix de femmes sonnent bon. Quels jolis romans il y a dans ces diaboliques soirées d'été!... La Nature est une grande criminelle, les jurés qui condamnent ne le savent pas assez. De belles formes blanches passent et repassent dans les allées du jardin, se détachant comme autant d'idéales silhouettes sur le fond du ciel...

On frappe à notre porte.

Ah! mon cher Fritz! j'ai cru que c'était toi qui nous revenais de Chine, où peut-être tu n'étais pas encore arrivé. C'était ton frère Louis, ton portrait parlant et souriant. Je l'ai embrassé en mon nom et au tien, cher cœur loyal!

Nous dînons tous les trois comme une paire d'amis. Les truites du lac sont excellentes.

— Pourquoi n'êtes-vous pas descendus chez moi? nous reproche le frère Louis. Il y a une chambre d'amis, la vôtre pendant tout le temps de votre séjour ici... Je vous y installerai ce soir... Je vous présenterai à ma femme, à mes enfants... tout ce petit monde-là sera heureux de vous voir et de vous avoir pendant une quinzaine de jours, un mois, pendant tout le temps que vous voudrez, enfin!...

— Frère Louis, vous m'attendrissez, je ne veux pas être attendri : c'est malsain après un souper aussi copieux que celui-ci. Je ne suis pas étonné de votre offre cordiale; vous êtes bien le frère de votre frère... Mais, cette offre, nous nous empressons de la refuser... Nous ne sommes que des voyageurs, nous passons : ne nous arrêtez pas! Nous nous sommes promis de ne rester jamais dans le même endroit plus d'un jour, et nous avons l'habitude de tenir les promesses que nous nous faisons. Excusez-nous!... Nous sommes arrivés à Gérardmer ce soir: nous quitterons Gérardmer demain matin pour aller où il plaira à notre guide de nous conduire...

— Vous avez un guide? Où est-il donc?

— Il dort en ce moment... Oh! ne regardez pas du côté de nos lits, il n'y est pas... Il n'est nulle part que dans notre imagination... Ce guide, cher frère Louis, s'appelle l'Imprévu... En débarquant à Strasbourg, c'est lui que nous avons choisi afin d'être plus sûrs de nous égarer en chemin... Nous avons horreur du convenu, de la ligne droite, de la grande route, du banal, du *tout le monde* enfin: c'est pour cela que nous avons zigzagué jusqu'ici avec tant de plaisir et que nous continuerons à zigzaguer jusqu'au bout, quels que soient les inconvénients de cette méthode... Nous ne voulons pas savoir où nous allons...

— Vous vous exposez ainsi à passer à côté de très belles, de très curieuses choses sans les voir!...

— Sans doute, mais tant pis! Peut-être aussi, en marchant ainsi au hasard, avons-nous déjà rencontré ou rencontrerons-nous plus tard des choses que ne donne pas l'itinéraire ordinaire...

— Je regrette beaucoup ce parti pris, en ce qui me concerne d'abord, car j'aurais voulu vous garder et vous conduire devant des spectacles dignes de vous... Par exemple, le Col de la Schlucht... C'est une ascension pittoresque, à travers la forêt, au-dessus de très beaux lacs...

— N'insistez pas davantage, cher Louis, nous serions capables de refuser ; tandis que nous voulons accepter votre offre pour vous remercier de votre cordial accueil...

— Vous êtes de braves enfants ! Eh bien ! demain matin, mes deux fils seront à votre porte avec une carriole...

— Nous avons juré que nous ne prendrions jamais de voiture...

— Vous marcherez tant que vous voudrez une fois dans la montagne ; mais pour y arriver, il y a du chemin, un chemin sans attraits, par le soleil... Acceptez ma carriole...

VII

LE DIMANCHE DE L'ASCENSION

Dimanche, 16 juillet.

Adieux au frère Louis et à sa femme. Adieux à Gérardmer et à l'*Hôtel de la Poste*. Il est dix heures, nous partons en carriole avec le plus jeune fils de frère Louis : l'aîné est parti devant, à pied, avec d'autres jeunes gens de la ville, à ce qu'il paraît.

Il fait une chaleur à vous cuire la tête, et la carriole n'a pas de capote. La route qui conduit au chalet de la Schlucht, but de notre excursion, a été tracée à coups de hache et de mine à travers la forêt et les rochers, à quelques centaines de pieds au-dessus des lacs de Longemer et de Retournemer, qu'elle surplombe très imprudemment. Je doute que la Suisse offre des spectacles plus grandioses et plus variés.

A mi-chemin, halte à la *Roche du Diable*, qui se projette en avant sur la vallée avec une grande hardiesse. Notre conducteur se plaît à faire rouler des pierres pour que nous puissions juger des bonds prodigieux que nous ferions nous-mêmes si nous tombions par hasard du haut de cet énorme rocher.

L'endroit est fort beau, s'il n'a rien de curieux. On peut s'asseoir à l'ombre des épicéas et des hêtres et regarder les lointains bleus et verts quand on est fatigué d'admirer les deux lacs aux eaux profondes et tranquilles qui s'étalent en bas, dans la Vallée des Fées. Je comprends que la superstition populaire se soit emparée de ce rocher — surtout avant la route, toute moderne — pour en faire le lieu de rendez-vous ordinaire de tous les lutins, sotrais, farfadets, sorciers et sorcières de la contrée. La nuit, dit-on, on entendait là des grondements d'ours mêlés à des glapissements de renards, et des miaulements de chats sauvages mêlés à des sifflements de dragons ailés, interrompus par une musique ravissante qu'on attribuait naturellement aux *Dames blanches*, les fées des montagnes vosgiennes. « Malheur, ajoutait-on, malheur au pèlerin attardé qui, en revenant de l'humble chapelle de Monsieur saint Florent, située sur les bords du lac de Longemer, oubliait de faire le signe de la croix en passant près de cette roche redoutable ! Une force surnaturelle et toujours invisible manquait rarement de l'enlever en l'air comme une faible feuille de bouleau, pour le laisser tomber ensuite, tout étourdi de sa périlleuse ascension, sur les pointes aiguës des rochers qui couronnent la vaste forêt de Fachepremont, ou dans les froides ondes du lac de Retournemer, alors qu'une lueur magique en éclairait les rives tristes et désertes ! »

(N. B. — On ne retrouvait jamais la bourse ou la sacoche du pèlerin... Ah ! les schlitters du temps jadis étaient de rudes gars !...)

La route du Col de la Schlucht est belle, mais elle

a coûté la vie à un certain nombre d'ouvriers. L'empereur doit, dit-on, la venir visiter un de ces jours.

Au point culminant de cette route, chalet-restaurant bâti aux frais d'un millionnaire de Munster, M. Hartmann. Situation sans pareille. Montagnes de ci, montagnes de là, horizons immenses, noirs à droite, bleus à gauche. Centre d'excursions fatigantes, mais agréables : au *Hohneck*, qui est à quatre kilomètres du chalet, — au *Rothen Ried* et à la *Cascade de Stolzabloss*, à quatre kilomètres, — au *Fischbœdlé*, à six kilomètres, — au *Grand Rothenbach*, — au *Wurzelstein*, etc., etc.

Le chalet de la Schlucht, pour les amis du calme et des visions chastes, n'a qu'un tout petit inconvénient — capital : il est aussi hanté, le dimanche, que l'arbre de Robinson, et par une population du même genre, très honnête, fort gaie, mais encore plus bruyante. Les Parisiens gâtent un peu les bois d'Aulnay qu'on retrouve, le lendemain, jonchés de papiers gras qui ont contenu des charcuteries variées. Je n'ose pas en dire autant des Gérardmérois, mais, tout à l'heure, dans un coin de la forêt de la Schlucht, en me baissant, j'ai ramassé ce fragment imprimé maculé de graisse :

« CHEFS-D'ŒUVRES *(sic)*

DE M. LE ROY LE MÉNESTREL.

(Extrait du compte rendu des journaux, et pensées d'hommes sages et éclairés sur ces œuvres.)

« Les œuvres de cet auteur unique, extraordinaire, le plus grand martyr de la révolution de 1848, 1849, le plus grand admirateur des empereurs

Napoléon Ier et Napoléon III, continuent d'obtenir le plus brillant succès.

« Toute la France lit et relit avec un ravissant plaisir, d'abord son volume intitulé : *Mémoires de* LE ROY LE MÉNESTREL ; ensuite, *Beautés de la ville du Soleil ;* puis *l'Éloquence*, ou une *Fête chez l'Empereur*, et une *Merveille*, dont les premières éditions ont été épuisées en peu de mois ; leurs délicieuses et divines beautés, leur modestie et la profondeur des pensées, puis une exquise franchise et l'amour de la vérité et de la vertu ont pénétré notre cœur et nous ont comblé de joie. C'est en méditant chaque page qu'il nous a été naturel de remarquer, comme on le répète partout, que M. Le Roy Le Ménestrel possède un talent de description et de narration qui nous rappelle celui des plus illustres auteurs. Nous avons entendu la lecture des nouvelles œuvres de ce sublime et intarissable écrivain : 1° *L'Histoire des Le Ménestrel ;* 2° *Le Palais de la vertu ;* 3° *la Croix illuminée*. Elles nous ont fait éprouver un délicieux étonnement et la plus grande admiration. Un personnage très respectable et très sensible s'est soudain écrié : « Mais, messieurs, je dois dire ici que Dieu a sans doute dicté à M. Le Roy Le Ménestrel ses ouvrages. Du reste, on a acquis de nouvelles preuves que le malheur développe l'intelligence et fait éclater le génie de l'homme. Le Tasse, Cervantes, J.-J. Rousseau et autres auteurs ont composé leurs chefs-d'œuvre au milieu de l'adversité. C'est sans doute à cette occasion que M. Desainte dit dans son ode à M. Le Roy Le Ménestrel :

« Poursuis, divin Le Roy, tes nobles destinées.
Les belles actions sont les plus condamnées ;
On ne peut être grand qu'au milieu des... »

Le fragment s'arrête là. Je suis remonté tout rêveur sur la terrasse du chalet où le déjeuner est servi. Moi qui croyais connaître — au moins de nom — tous mes confrères, les célèbres et les obscurs, ceux qui écrivent trop et ceux qui n'écrivent pas assez ! En voilà encore un à ajouter à la liste — déjà bien longue: le *divin* Le Roy Le Ménestrel... O Gloire ! tu n'es qu'un vain mot ! J'ai dans les Vosges un confrère *divin*, et c'est le hasard, un pur hasard, un vulgaire hasard, qui me révèle son existence ! Faites donc des *chefs-d'œuvreS!* faites donc des *chefs-d'œuvreS !*

Vers la fin du déjeuner, c'est-à-dire vers cinq heures du soir, arrivent sur la terrasse, pour jouir du merveilleux spectacle qui s'y déroule aux regards, deux hommes que je reconnais aussitôt à leurs lunettes et à leur parapluie blanc : l'ondin gras et l'ondin maigre du pont de Valogne. Ils nous reconnaissent aussi et nous saluent fort civilement.

— Un splendide spectacle, n'est-ce pas, messieurs? nous dit le minéralogiste en agitant son petit marteau à manche d'acajou dans toutes les directions. Le soleil sera très beau ce soir, à son coucher!

— Et plus beau, demain, à son lever ! ajoute l'entomologiste avec un enthousiasme silencieux comme le rire de Bas-de Cuir, en agitant son parasol dans les mêmes directions que le minéralogiste. Vous plairait-il messieurs, de venir avec nous demain matin sur le Hohneck, le plus haut sommet des Vosges, 1,366 mètres au-dessus du niveau de la mer?

— Treize cent soixante-six mètres? Peuh ! objecte Daudet avec dédain, en offrant un verre de champagne aux deux ondins. Mais le quatorzième pic de l'Himalaya, monsieur, est à 8,837 mètres au-dessus du niveau de l'Océan ! 8,837 mètres, c'est-à-dire 26,000 pieds ! Mais le Chimborazo, monsieur, est à 6,530 mètres !

— Sans doute, monsieur, répond l'ondin gras en remettant son verre sur la table ; mais l'Himalaya est en Asie, le Chimborazo est au Pérou, et nous sommes ici en Europe, sous le 48° de latitude nord, ne l'oublions pas. Les soulèvements produits par les feux souterrains ont été plus violents dans le nouveau monde que dans l'ancien ..

— Ah ! monsieur est vulcanien ! murmure Daudet en allumant un cigare que vient de lui offrir le minéralogiste. Je vous aurais plutôt cru neptunien...

— Ah !... A cause de notre costume d'hier au Saut des Cuves ?

— Le fait est que Neptune n'en a pas d'autre... Amphytrite non plus... Eh ! eh ! eh !

Les minéralogistes ne sont pas, lorsqu'ils rient, d'une « délicieuse beauté » — comme les *chefs-d'œuvres* de M. Le Roy Le Ménestrel. Celui-ci m'a dépoétisé la déesse de la mer, à laquelle, involontairement, je prêterais toujours désormais le caleçon à raies bleues de l'ondin gras, ses lunettes et son marteau à manche d'acajou.

Nous restons sur la terrasse à jouir de la fraîcheur du soir et de la conversation des deux ondins. Les fils de frère Louis et leurs amis nous ont quittés, en s'informant du chemin que nous comptions prendre le lendemain et en nous donnant quelques indications d'auberges. Le champagne nous rend bienveillants, Fantasio et moi, et nous nous laissons expliquer la formation des montagnes en général et des Vosges en particulier.

— Terrain granitoïde, ceci ! dit l'ondin gras en promenant son marteau à doite et à gauche comme un goupillon. Terrain granitoïde ! Il comprend les granites, les diorites, les pegmatites, les syénites, les leptynites, les trachytes...

— Ah ! monsieur, vos cigares sont délicieux ! Où les prenez-vous à Paris ?... Car vous êtes de Paris l'un et l'autre, comme nous... A Paris, moi je prends mes cigares chez une petite marchande du passage Verdeau... La marchande est jolie et les cigares sont excellents : double avantage... Je vous recommande ma petite marchande du passage Verdeau, messieurs...

— Messieurs, votre champagne est exquis... Est-ce du Saint-Marceaux, ou du Rœderer, ou du Bollinger ? Le Bollinger est le plus agréable des trois...

— A demain, messieurs !...

— A demain... c'est-à-dire à cette nuit, deux heures. Nous avons une heure de marche avant d'atteindre au sommet du Hohneck, et...

— Le premier réveillé réveillera les autres

VIII

CE QU'ON VOIT SUR LES HAUTES FÉES

Lundi, 17 juillet

Réveillés à deux heures, en pleines ténèbres, par l'implacable minéralogiste. Je n'ai rêvé ni chat, ni chien, ni lézard, ni crapaud, ni couleuvre, ni araignée : j'ai rêvé pâte pétrosiliceuse, silicate d'alumine, feldspath décomposé, amphibolé, phosphate de chaux, sulfate de strontiane, etc. Oh ! ces savants !

Nous réglons nos comptes avec l'aubergiste, qui nous offre le coup de vin blanc de l'étrier, et nous suivons docilement les deux ondins silencieux.

L'ascension est rude, elle est pénible. Nous montons à travers bois, et il fait nuit, c'est-à-dire que, non contents de nous essouffler à suivre nos guides, nous nous cognons à chaque instant le nez contre les épicéas et nous nous déchirons les mains aux broussailles des fourrés. Nous sommes bons marcheurs, Daudet et moi ; mais les ondins sont meilleurs marcheurs que nous. Et puis, il semble qu'ils allongent le pas exprès, malignement, pour nous essouffler davantage et nous punir de les avoir vus en caleçon avant-hier sur le bord de la Valogne, et de ne pas les avoir assez écoutés hier sur la terrasse du chalet de la Schlucht.

Nos yeux s'habituent peu à peu à l'obscurité, ou, à mesure que nous nous élevons, l'obscurité se fait moins opaque. Nous commençons à voir où nous marchons. Les deux ondins sont loin devant nous, n'ayant pas plus l'air de se préoccuper de nous que si nous n'existions pas.

— Ces ondins sont des sotraits ! murmure Daudet en pressant le pas. Ils veulent nous égarer dans ces solitudes, nous jouer quelque farce désagréable... Tu connais l'histoire de Mélusine, de la belle Mélusine, racontée par Jean d'Arras ?

— Parbleu ! je l'ai traduite pour les lecteurs de la *Bibliothèque bleue*, qui ne m'en ont pas su le moindre gré. La reine Pressine dit à sa fille Mélusine, coupable de je ne sais plus quel méfait : « Mélusine, tu seras tous les samedis une serpente depuis le nombril jusqu'en bas, et cela durera tant que tu n'auras pas trouvé mari assez discret, assez confiant pour ne jamais songer à te voir ce jour-là... Si tu le trouves, alors seulement le charme cessera, tu vivras le cours ordinaire de la vie et mourras comme femme naturelle, après avoir donné le jour à une nombreuse lignée qui te fera honneur et gloire... Si, au contraire, tu prends à mari un homme discourtois, faible, incrédule, qui surprenne ton secret, tu retourneras au tourment d'auparavant, à savoir la vie de fée, et cela durera sans trêve ni fin jusqu'au jour du jugement dernier... » Or, Mélusine a été épousée par le comte Raimondin, qui l'adore, mais qui, cédant aux insinuations malveillantes du comte de Forest, son frère, veut savoir un jour ce qu'elle devient chaque samedi.

— C'est bien cela. Spark ! c'est bien cela ! Tu connais ta Mélusine par cœur,

— Puisque j'ai commencé, je continue... Raimondin alla comme un furieux à sa chambre, décrocha son épée qui pendait au chevet de son lit et la mit à son côté. Puis, comme il connaissait le lieu où Mélusine se rendait tous les samedis, il s'y rendit haletant. C'était la première fois qu'il s'en approchait. Aussi, malgré sa folle colère, eut-il comme un remords de la déloyale action qu'il allait commettre. Pour un peu même, tant il avait d'estime pour le caractère droit et la chasteté immaculée jusque-là de sa femme, il eût reculé. Mais les maudites paroles de son frère lui sonnaient dans les oreilles comme un glas ironique. Il lui semblait que toute la terre le regardait en lui riant au nez à cause de sa simplicité et de sa bénévolence. Il s'avança. Un huis très épais, et bardé de clavures énormes, lui faisait obstacle pour aller plus avant. Il avait encore le temps de reculer et de se dédire de ses mauvais soupçons. Mais il se sentit poussé par la main invisible du génie du mal qui conduit tant de créatures humaines à leur perte : il voulut s'assurer, il voulut voir de ses yeux... Tirant alors son épée il en bouta la pointe, qui était très dure, sur la paroi de l'huis, et tourna et vira tant et si bien qu'il parvint à faire un pertuis, d'abord imperceptible, puis qui alla en s'élargissant, de façon que bientôt il y put passer une partie de son visage. Heureusement, cette porte se trouvait encadrée, à l'intérieur, d'un bouquet de plantes grimpantes : cela lui permit de voir sans être vu. Raimondin, pâle et tout en sueur...

— Comme nous, samedi, sur le pont de Valogne !

— Raimondin regarda devant lui et aperçut *Mélusine toute nue, blonde et merveilleuse de beauté,* qui s'ébattait au soleil dans une large cuve de marbre blanc bordée d'arbres épais, sur les ramures desquels chantait un peuple d'oiseaux rares. A un mouvement plein de grâce que fit Mélusine et qui découvrit la partie de son corps qui baignait dans l'eau de la piscine, Raimondin remarqua avec étonnement que cette partie du corps de sa femme se terminait en queue de serpent. Il ouvrit les yeux plus grands encore qu'il ne les avait ouverts jusque-là, afin de mieux voir et de s'assurer qu'il ne rêvait pas et que c'était bien sa femme qui s'ébatttait et frétillait ainsi devant lui. Il acquit bientôt la conviction que c'était elle. « Pauvre serpente ! s'écria-t-il avec un accent de tendre pitié. Ah ! ma douce amour, je me suis parjuré envers vous... J'en ai le cœur plein de regrets, ô ma pauvre serpente ! Ce que j'ai vu n'est pas ce qu'on m'avait dit que je verrais, et, bien loin de me rassasier de vous, cela rehausse encore votre beauté d'un attrait nouveau..... Me pardonnerez-vous jamais, serpente aimée ?..... »

— Mais la serpente ne pardonna pas, si j'ai bonne mémoire ?

— Tu as mauvaise mémoire, ami Fantasio : Mélusine pardonna. « Mon doux ami, dit-elle à Raimondin avec une mélancolique tendresse, Dieu vous veuille pardonner cette faute que vous avez commise au préjudice de notre mutuel repos et de notre mutuel bonheur... Il le peut, lui qui est omnipotent, lui qui est le vrai juge et le vrai pardonneur, lui, la légitime fontaine de pitié et de miséricorde... Quant à moi, vous savez bien que je vous ai pardonné de bon cœur, puisque je suis votre femme et votre amie... Mais pour ce qui est de ma demeurance avec vous, c'est tout néant : Dieu ne le permet!... » En disant ces mots, Mélusine se pencha vers Raimondin, l'accola et le baisa doucement. « Adieu! murmura-t-elle. Adieu! mon ami, mon bien, mon cœur, ma joie! Tant que tu vivras j'aurai, quoique absente de toi, bonheur à te voir et à te rendre heureux... Mais jamais, au grand jamais tu ne me verras en forme de femme... Adieu, moitié de mon âme! Adieu, moitié de ma vie!... » Et tout aussitôt, la pauvre Mélusine s'élança sur la fenêtre qui avait le regard sur les champs et sur les jardins, du côté de Lusignan ; et, cela, aussi légèrement que si elle eût eu des ailes. Tout le monde fondait en larmes, et Raimondin plus que tout le monde. Lors, elle, jugeant qu'il était heure de partir, malgré que tout la retînt là, s'échappa incontinent hors de la fenêtre sous la forme d'une serpente ailée, longue d'environ quinze pieds, au grand ébahissement de la compagnie. Rien ne restait plus d'elle, désormais, que la forme de son pied, moulée en creux sur l'appui de la fenêtre d'où elle avait pris son vol...

— Eh bien! cher Spark! tu vois la coïncidence?... Nos ondins à lunettes se baignant dans le Saut des Cuves, un samedi, en caleçon!... Ils n'étaient pas là pour être aperçus de simples mortels comme nous... Notre indiscrétion les a froissés : ils se sont déjà vengés hier en nous accablant de minéraux et de petites bêtes, de buprestes et de sélénites, de criocères et de sables quartzeux; ils continuent à se venger aujourd'hui en nous égarant à leur suite dans ces solitudes peuplées seulement de menhirs et de cromlechs... Je me méfie !...

L'endroit n'a rien de rassurant, en effet. C'est une vaste étendue de pâturages maigres et de broussailles grasses — comme le nopal et le cactus-raquette des pays tropicaux... Et tout cela ondulé, contourné, bistourné, mamelonné, — une série d'énormes verrues escaladant une verrue antédiluvienne ! Pas de traces humaines. Çà et là, espacées comme les oasis dans le désert, des *chaumes*, — maisonnettes de marcaires, basses et pauvres comme des huttes de Lapons, et enceintes de pierres grises d'un pied de haut, posées sur champ. Quelques vaches paissent là-dedans. Nous ne nous sommes jamais sentis aussi esseulés.

Les deux ondins sont arrivés au sommet du Hohneck, où nous ne tardons pas à les rejoindre, — fourbus par cette ascension d'une heure au pas gymnastique.

Comme nous arrivons auprès d'eux, nous entendons l'ondin gras dire à l'ondin maigre :

— Plus l'homme s'élève et plus sa vue s'étend, au propre et au figuré, dans le monde moral et dans le monde matériel...

Nous nous étions trompés. Ce n'est pas à des sotraits que nous avons affaire, c'est à M. Joseph Prudhomme et à son frère ! Nous sommes rassurés.

— Allons donc, messieurs ! allons donc ! la toile va se lever et le spectacle commencer sans vous ! reprend l'ondin gras.

Nous sommes en sueur, Daudet et moi, et nous soufflons comme des marsouins. Il fait frais sur le Hohneck, à trois heures du matin ! très frais !

Nous nous asseyons sur un tapis de crassulacées, le dos tourné au chemin par lequel nous sommes venus, le visage tourné vers la Mecque, — c'est-à-dire vers le point de l'horizon où doit se lever le soleil.

— Savez-vous où vous êtes, ici, messieurs ? nous demande le minéralogiste, en cassotant le granit du bout de son marteau à manche d'acajou.

— Mais... sur le Hohneck, à 4,000 pieds au-dessus du niveau de la mer ?...

— Vous êtes sur les *Hautes fées*, la pelouse où la tradition veut que les fées de nos pères soient venues souvent danser aux rayons de la lune, pendant les tièdes nuits d'été...

— Froides nuits d'été, voulez-vous dire, homme gras ! murmure Fantasio, qui grelotte presque.

— Silence ! dis-je d'une voix retentissante.

Les trois coups viennent d'être frappés par le régisseur céleste. La toile se lève avec un imperceptible frou-frou. Lueur d'un rouge de sang derrière la forêt Noire. Le soleil émerge, pareil au nouvel époux sortant radieux du lit de sa bien-aimée. Il grandit, il s'épanouit, il s'élève... Sa robe de pourpre fait place à une tunique d'or, aveuglante. L'ombre s'évanouit dans le troisième dessous. Tout s'éclaire çà et là avec une rapidité prestigieuse. Nous marchons bien, Daudet et moi, mais la lumière marche plus vite, — 77,000 lieues par seconde... L'horizon s'échancre... On commence à distinguer les Alpes bernoises, et, sur un plan plus rapproché, le vieux père Rhin, — un ruban d'argent. Je ne me repens pas de m'être levé à deux heures, et je remercie le minéralogiste et l'entomologiste. Celui-ci rayonne presque autant que le soleil : il vient de prendre un bupreste, qu'il pique aussitôt sur un bouchon. Il est si joyeux qu'il n'entend pas nos adieux.

Nous voilà seuls sur le Hohneck.

DU DANGER QU'IL Y A A VOULOIR PRENDRE DES GLACES AILLEURS QUE DEVANT TORTONI

Je regrette de n'avoir pas « le talent de description et de narration » du *divin* M. Le Roy Le Ménestrel — « qui nous rappelle celui des plus illustres auteurs. » J'aurais du travail! C'est merveilleux et grandiose. Où que nous tournions nos regards, nous n'apercevons que des montagnes abruptes, granitiques, désolées, sauvages, qui ressemblent, ainsi amoncelées, à un troupeau de vagues furieuses soudainement pétrifiées. Leurs crêtes ont l'air d'avoir été déchiquetées par un ouragan antédiluvien. Des blocs gigantesques croulent sur les pentes.

Nous nous penchons un peu pour interroger un abîme en entonnoir, au fond duquel est une vallée verdoyante, — un Eden. Çà et là, sur les flancs noirs du gouffre, des taches blanches qui nous donnent aussitôt soif : c'est de la neige durcie, de la glace ! en plein juillet! Il y aurait folie à vouloir descendre : nous descendons ; Daudet par un côté, moi par un autre. C'est difficile, pénible même; des pierres roulent de temps en temps avec un fracas énorme pour nous avertir du sort qui nous attend : nous descendons toujours.

Daudet arrive le premier à la glace, et, pendant qu'il en casse à coups de couteau et s'en régale goulument, je m'arrête, pris de vertige. Je veux remonter, ne voulant plus descendre : impossible! Et puis, ce satané sac qui ajoute encore à mon poids, déjà trop fort! J'appelle à l'aide ; Fantasio jette le même cri. Il veut remonter, lui aussi, et ne peut pas plus que moi. Est-ce que nous allons rester là, perchés sur un pied, comme Siméon le stylite? Au-dessous de nous l'abîme qui nous attire ; au-dessus de nous, le ciel plein d'indifférence. Une sueur froide me coule dans le dos. Je ferme les yeux pour ne pas voir tomber mon compagnon : quand je les rouvre, il a disparu. J'appelle : le silence me répond. Je me penche un peu, plein d'angoisses : Fantasio est sauvé ! Je m'en réjouis d'abord, puis je trouve mauvais qu'il n'essaie pas de me tendre la perche. A moins d'un miracle, je ne m'en tirerai pas. Bonsoir la compagnie !

J'appelle une dernière fois : même silence. Alors la colère s'empare de moi, l'envie que j'ai de reprocher à mon compagnon sa coupable indifférence me rend l'énergie et l'adresse qu'il faut précisément pour échapper au péril qui me menace : en moins de cinq minutes, en rampant sur le ventre, en m'accrochant avec mes ongles aux moindres aspérités du granit, je parviens au sommet, je me retrouve sur mes jambes... Ah !... Puis je cours, furieux : mon pauvre cher compagnon gît, évanoui, dans un pli de terrain, à quelques centimètres seulement du gouffre. Je le relève, je l'enveloppe de la couverture, car il grelotte, pris de fièvre, et j'attends.

— J'ai bien cru que c'était fini ! me dit-il en reprenant connaissance.

— Et moi donc ! lui dis-je aussi pour le consoler. Ah ! nous sommes de fiers maladroits !...

Cette violente émotion nous a donné soif. Nous allons à la découverte, et au bout de trois quarts d'heure d'une marche douloureuse, nous apercevons à l'entrée d'un ravin le long toit d'un chalet de marcaire, un *chaume*. J'appelle : personne ne répond. Le chalet est habité, car j'ai entendu des mugissements sonores : s'il y a des vaches, il y a des hommes. Nous franchissons l'enceinte de pierres debout, au risque des chiens, et nous marchons droit vers le chaume, dont nous poussons la porte.

Le marcaire est là, avec son ouvrier en fromages. L'étable est propre, mais la chambre où nous sommes reçus ne l'est guère. Seaux rouges en cerisier et seaux blancs en épicéa, pleins de lait. Bassins et chaudrons en cuivre jaune, plein de lait aussi. Nous avons soif : nous buvons quatre ou cinq pintes de ce primitif breuvage. Jamais je n'ai bu autant de lait, et d'aussi bon cœur, — malgré les émanations fromagères de la chambre à coucher du marcaire. Nous voulons payer : il s'y refuse. Les montagnards vosgiens entendent l'hospitalité de la même façon que les montagnards écossais ; malheureusement, ils ne parlent pas mieux le français, et nous en sommes réduits à prendre le premier sentier venu à travers les flancs du Collet, sillonnés de chemins *rafflés* ou de *schlittes*.

Daudet va mieux, et moi je ne vais pas mal.

— O bienheureuse santé ! tu es au-dessus de tout or et de tout trésor ! nous écrions-nous avec Sterne, qui avait emprunté cette exclamation à son compatriote Burton, qui lui-même l'avait empruntée à l'*Ecclésiaste*.

LE PARADIS PERDU

Enfant, j'eus un jour un rêve. Je marchais. J'arrivai bientôt à un carrefour où s'emmanchaient deux voies : l'une, large, fleurie, lumineuse ; l'autre, étroite, aride, épineuse, sombre. Je pris la route aride. A mesure que je marchais, elle se faisait plus triste encore, et plus étroite — à n'être plus, au bout d'un certain temps, que le fil d'un rasoir, sur lequel je n'avançais qu'en tremblant, de peur de me couper. C'était le chemin du Paradis, puisque, cette nuit-là, j'eus l'honneur de voir

« Dieu le Père en habit d'empereur ! »

Ma grand'mère, à qui je racontai mon rêve, me déclara que c'était bon signe...

C'est bien possible. Mais, depuis ce jour-là, ayant grandi, j'ai imaginé un chemin du Paradis tout différent de celui-là. Dieu ne peut pas vouloir qu'on arrive à lui en se coupant les pieds et en se blessant le cœur. Il a fait les pierres — et aussi les fleurs.

Le sentier que nous suivons, Fantasio et moi, depuis le Chaume de Margult, est fleuri et parfumé comme doit l'être, en réalité, la route du Paradis. Nous descendons au milieu d'une forêt de grandes sauges violettes, de grands bouillons blancs, de grandes digitales pourprées où bourdonnent les « chastes buveuses de rosée » et où murmure une source invisible. Pas d'autre bruit. Nous sommes à mille lieues de Paris et de la vie réelle: nous descendons un rêve.

— Les vers vous poussent tout seuls à l'esprit dans ce Paradis terrestre, veuf d'Eve, hélas ! dit Fantasio. Dis-moi des vers nouveau-nés, Spark, ajoute-t-il en se tournant vers moi, occupé à me désaltérer dans le courant d'une onde pure.

« Lait sur vin,
C'est venin, »

prétendent les bonnes femmes de la campagne ; mais

« Eau sur lait,
C'est parfait, »

comme diraient les laitières de Paris, habiles *coupeuses.*

— Des vers, Spark ! je veux des vers ! répète Fantasio.

On ne peut, on ne doit rien refuser à un convalescent — de peur de rechute. Daudet sort à peine d'un péril de mort, dont les affres le secouent encore de temps en temps. Je m'exécute vaillamment, et, de ma voix fausse, j'entonne la *romance* suivante, qui ne vaut quelque chose que par la musique de J.-J. Debillemont :

Allons aux bois
Sous les ramures :
Là sont les voix
Et les murmures.

Là sur les herbes embaumées,
A l'ombre des grands arbres verts,
J'ai vu défiler les armées
Silencieuses de mes vers.
Les gais bataillons de mes rêves
Allaient, papillons voyageurs,
Parmi les parfums et les sèves
Sortis des arbres et des fleurs.

Allons aux bois
Sous les ramures, etc.

De ces herbes et de ces plantes
Eclos à l'ombre des forêts,
J'ai fait des gerbes odorantes
Et j'ai composé des bouquets.
Ils sont à vous, sœurs de mon âme,
A vous, poétiques esprits,
Cœurs amoureux, cœurs pleins de flamme
Que les chagrins n'ont pas aigris.

Allons aux bois, etc.

Vous les repousserez peut-être,
Peut-être ne voudrez-vous point
Les respirer et les connaître,
Et les jetterez-vous au loin ?
Qu'importe ? les bois en ont d'autres
Plus odorants et plus touffus,
Mes amours ne sont pas les vôtres,
Voilà tout, — je n'en parle plus.

Allons aux bois, etc.

Je retourne sans amertume
Vers la verdoyante forêt,
Vers les bois qu'estompe la brume
Et que j'ai quittés à regret.
Là, perdu dans mes rêveries,
Bien seul avec mon propre cœur,
Je suivrai les routes fleuries
Qui ramènent vers le bonheur.

Allons aux bois,
Sous les ramures !
Là sont les voix
Et les murmures !

— Cher Spark, ta voix sonne le fêlé et ton cœur aussi. Tu as eu de grands chagrins dans ta vie, n'est-ce pas ? Tu es mélancolique, pourquoi ?

— Moi, cher Fantasio ? Mais je n'ai pas d'autres raisons d'être amer que celle d'Eginhard Corbineau, dans un vaudeville de Lambert-Thiboust. Eginhard Corbineau a prêté un sou à Mlle Fernande de Malaquès pour compléter le prix d'une place d'omnibus ; il vient lui réclamer son sou et il la trouve en toilette de mariée. « Comment, mademoiselle ! je vous prête un sou hier, et vous vous mariez aujourd'hui ? » lui dit-il avec amertume... Tu as compris ?...

— Parfaitement.

— Alors, quittons ce Paradis terrestre ! Arrachons-nous au charme qui, de toutes ces fleurs, nous tombe sur l'esprit. En y restant davantage, j'aurais peur de vouloir y rester toujours... Les Paradis terrestres sont faits pour être perdus après avoir été trouvés.

FEUILLETON DE THÉATRES

C'est la *Source de la Duchesse* que nous venons de quitter. Plus loin, nous rencontrons le lac des Corbeaux et la source de la Moselote. Puis nous sortons de l'ombre et des bois pour marcher en plein soleil, au fond d'un vallon clos partout de hautes murailles de granit. Nous traversons ce Sahara, avec courage, en causant d'art et de poésie.

Fantasio m'empoigne violemment en me racontant un drame en vers, l'*Enfant prodigue*, destiné au Théâtre-Français. Trois actes. Le premier et le troisième, les seuls qui soient faits, que leur auteur tienne bien, sont d'un pathétique plus vrai que celui du théâtre de Lachaussée et de Beaumarchais, et fait avec moins de choses que celui de Bouchardy et de Dennery. Seulement, le dénouement me choque un peu ; quoique très beau, il est faux, ou plutôt il n'a que le vrai de convention, le vrai de théâtre qui a gâté de si remarquables pièces, — par exemple l'*Aventurière* d'Augier. On n'ose pas assez rompre en visière avec les préjugés du public ; on n'ose pas faire vrai, de peur d'être trop hardi. Ce n'est pas au théâtre que Danton eût eu du succès avec son mot : « De l'audace ! »

Je chamaille avec Fantasio, que je finis par gagner à ma cause. Je lui rappelle, à ce propos, le dénouement brutal que j'aurais voulu pour sa *Dernière Idole*, jouée à l'Odéon. Il n'y a que deux personnages dans cette pièce : un vieil homme et une vieille femme, qui tous deux ont été jeunes, la femme surtout, — jeunes et amoureux. Le vieil homme adore sa vieille femme, dont il s'imagine avoir toujours eu le cœur à lui tout seul, et sa vieille femme a eu une faiblesse de cœur jadis... Mais il n'en sait rien, et peu s'en faudrait qu'il ne mourût dans cette sainte et douce ignorance. Voilà que, pendant que sa dernière et unique idole est à l'église, on apporte une lettre et un portrait, — le legs d'un mort, le souvenir d'outre-tombe du premier amant... Ah! l'idole croule en écrasant le cœur du vieil homme sous ses débris... La vieille femme revient de l'église, souriante comme la statue de la sérénité. D'un seul regard elle devine tout et tombe à genoux, sanglotante, le cœur meurtri aussi. Ce n'est pas de sa faute... C'est une fatalité !... Le vieil homme a pris l'habitude d'adorer sa femme : à son âge on ne renonce pas aux habitudes prises... Il pardonne !... Assurément tout cela est fort empoignant... Cependant j'aurais souhaité un dénouement plus brutal — et plus délicat ; j'aurais voulu, par exemple, que ce vieil homme restât muet et souriant jusqu'au bout de sa vie devant sa vieille femme, malgré le renard qu'il aurait caché sous son habit et qui lui eût déchiré sans cesse la poitrine de ses griffes aiguës : j'aurais voulu qu'il emportât avec lui dans la tombe ce secret d'outre-tombe. Là eût été le dramatique, me semble-t-il. Car enfin, ce vieux mari qui pardonne à sa vieille femme, cela tourne au vaudeville, l'héroïsme manque à son pardon, le drame manque à la pièce... De même pour le dénouement de l'*Enfant prodigue :* il est très touchant, très ému, les femmes pleureront, les hommes aussi ; mais...

A notre gauche, un ruisseau court sur un lit de cailloux. Nous entendons le sifflement d'une usine. Toutes les fois qu'il y a un ruisseau quelque part, une usine vient se camper sans façon dessus et lui boire son eau. Quand c'est une scierie, comme ici, il n'y a que demi-mal.

A notre droite, en face de la scierie, un cabaret. Nous entrons. On fait des fromages dans ce cabaret : cela se voit et se sent. Nous buvons deux bouteilles de bière, assis dans le poêle. La petite fille de la maison vient jouer familièrement auprès de nous. Elle est blonde, rose, avec des yeux d'une grande douceur. Plus tard elle sera sans doute laide comme sa mère : en attendant, elle est jolie. Nous lui donnons dix sous pour acheter des rubans bleus destinés à ses blonds cheveux. Quand je paie notre consommation, la mère — mise en soupçon par notre générosité envers sa fille — pèse et soupèse la pièce de vingt sous que je lui présente ; elle la fait sonner à plusieurs reprises sur le carreau du poêle : pour un peu, s'il y avait un trébuchet ou une éprouvette... Au fait elle a raison, cette femme ! Des gens qui donnent cinquante centimes à une enfant qu'ils ne connaissent pas, sont évidemment des faux monnayeurs.

LE SOLEIL DE LA BRESSE

— Si vous passez par la Bresse, nous a-t-on dit hier au chalet de la Schlucht, arrêtez-vous au *Soleil d'Or*, chez Tissier : vous y serez bien.

Il est onze heures, nous sommes dans le village de la Bresse : cherchons le *Soleil d'Or* afin de nous y reposer et d'y déjeuner.

Nous voici chez Tissier. Nous demandons deux

chambres et, pendant qu'on prépare le déjeuner — auquel nous espérons bien faire honneur, — nous tirons du linge frais de notre sac. Nous avons les pieds en sang. Daudet a la fièvre. Peut-être serons-nous forcés de planter ici notre tente pour deux ou trois jours.

Au moment où nous allons descendre déjeuner, surviennent frère Louis et deux amis de ses fils, qui n'ont pas craint de faire une huitaine de lieues pour venir nous serrer encore une fois la main. On doit des égards à ceux qui en ont pour vous ; mais nous sommes bien, bien, bien fatigués...

Déjeuner de table d'hôte : abondant — et insuffisant. Je suis de ceux qui préfèrent un seul plat — copieux — à cinquante... en carton. Les repas de table d'hôte ressemblent un peu au repas d'opéra-comique : on s'attable, on porte plusieurs fois sa fourchette à la bouche, et on se lève — à jeun. Si j'avais été seul, au lieu d'avoir des invités, j'aurais remangé... Mais, on se doit à ses hôtes !

Je recommande à Monselet, quand il viendra dans les Vosges, les confitures de *brimbelles*, ou *myrtilles*, ou *airelles*, ou *morets*, ou *raisins des bois*. Je les lui recommande — afin qu'il les évite.

Mes trois Gérardmérois sont de beaux buveurs. Sortis de la salle à manger à une heure, ils ont consommé de la bière jusqu'à sept heures du soir, sans désemparer, et j'ai dû assister à leur buverie assaisonnée de cancans locaux. L'un d'eux m'a parlé avec une certaine animosité d'un habitant de Gérardmer, propriétaire d'une ferme modèle, qui a inventé un instrument-modèle pour détruire les taupes de son champ — et les forcer à passer dans le champ de son voisin, par cela même ruiné.

Ce serait un type de roman curieux à exploiter, ce propriétaire. J'en parlerai à Champfleury. Je vois cela d'ici. Cet homme-modèle a tout modèle : une femme-modèle, un chien-modèle, des habits-modèle, une fille-modèle, tout modèle enfin, — jusqu'à des allumettes-modèles qui mettent le feu à la ferme-modèle où périssent étouffés le fermier-modèle et son chien-modèle, sa femme-modèle et son ami-modèle, etc. Je vois cela d'ici !...

Après le souper, digne frère du déjeuner, nous allons reconduire à mi-chemin nos trois Gérardmérois, un peu gris, mais toujours charmants. Ils ont encore huit lieues à faire et il pleut! J'ai voulu retenir frère Louis au *Soleil d'or ;* mais il n'y a pas eu moyen. Que dirait la bonne Catherine ?...

IX

LE CONSERVATOIRE DE LA SUPERSTITION

Mardi, 18 juillet.

Nous avons dormi, malgré nos couettes en plume, malgré nos édredons, malgré nos couvertures ouatées. Il faut que l'hiver soit un ennemi bien redoutable et bien redouté ici, car on s'arme furieusement contre lui.

Déjeuner dans la *loge,* — tonnelle formée d'un frêne pleureur. Truites de ruisseau excellentes. Les truites nous réconcilient avec l'Humanité, — mais elles ne guérissent pas nos pieds endoloris. Cependant il faut que nous nous remettions en route aujourd'hui. Cela étonne notre hôtesse à qui nous avons remis nos pantalons de coutil et qui les a remis à sa domestique en train de faire la *bouaie*, ou lessive. Nous lui disons qu'à trois heures nous partons pour les trois lacs, le *Lac blanc*, le *Lac noir* et le *Lac vert*, et elle ne sait pas ce que nous voulons lui dire, elle ne connaît pas ces lacs-là, — il faut que nous venions exprès de Paris pour lui révéler leur existence. C'est comme les provinciaux qui apprennent aux Parisiens l'existence des Gobelins, de la marmite des Invalides, des caveaux du Panthéon, etc.

Bon déjeuner. Bonne note, — pas trop de sel.

Tout en fumant, nonchalamment étendus sur le banc de la loge, Fantasio et moi, nous suivons des yeux le travail de lessive de la domestique. Il est fort heureux pour nous que ce soit aujourd'hui *mardi* et *non vendredi* : la *bouaie* n'aurait pu avoir lieu — et nos pantalons de coutil seraient restés crottés.

La Bresse, où nous sommes, est le Conservatoire des superstitions vosgiennes. Ainsi, à ce que j'ai appris hier à table d'hôte — où il y avait naturellement quatre ou cinq *esprits forts* de la localité, — pour rien au monde ici on ne ferait la lessive un vendredi, ni n'importe quel jour de la semaine des Rogations et de l'octave de la Toussaint. Si on coulait un de ces jours sacrés-là, il y aurait bientôt un cercueil dans la maison où l'on aurait coulé. De même, s'il pleut le jour de la lessive, on tient pour assuré que le maître de la maison ou sa femme, ne sont pas d'une fidélité conjugale digne d'éloges...

Pendant que j'y suis, je veux noter quelques autres superstitions bressaudes. Les entomologistes, quand ils rencontrent un scarabée ou un papillon rare, le piquent précieusement au fond de leur chapeau : je vais piquer au fond de mon portefeuille les bizarreries de l'imagination populaire rencontrées dans ma tournée pédestre. Je les pique ici sans ordre, quitte à les classer plus tard.

Ici, quand un enfant naît entre onze heures et minuit, cela indique qu'il éprouvera par la suite de grandes infortunes. De même pour celui qui naît le jour du vendredi saint.

Ici, quand une femme vient d'accoucher, elle conserve soigneusement dans une boîte un fragment du cordon ombilical qu'elle présente à l'enfant aussitôt qu'il commence à comprendre et à parler : s'il devine ce que c'est, cela prouve pour tout le monde qu'il sera un ouvrier intelligent et habile.

Ici, lorsque les poules se battent entre elles, cela signifie clairement que des amis ou des parents, absents depuis longtemps et dont on n'a pas eu de nouvelles, sont morts ou sur le point de mourir.

Ici, lorsqu'on se rend à la messe de minuit, à Noël, on a soin de garnir abondamment le râtelier des chevaux et la crèche des bœufs, pour qu'ils n'aient pas à se plaindre, parce qu'on est persuadé que ces animaux, pendant cette nuit-là, causent entre eux de leurs maîtres à ventre déboutonné. On cite même, à ce propos, un métayer des environs, esprit fort, qui, voulant savoir à quoi s'en tenir sur l'intelligence de ses bœufs, alla se cacher dans un coin de l'étable où, vers le coup de minuit, il entendit très distinctement un bœuf demander à son compagnon ce qu'ils feraient le lendemain, et celui-ci lui répondre qu'ils enterreraient leur maître, — ce qui arriva, le métayer étant mort de frayeur.

Ici, celui qui, dans un cabaret, reçoit le dernier verre d'une bouteille, doit payer la dépense générale, et, par-dessus le marché, il est déclaré le plus amoureux de la compagnie.

Ici, — et j'avoue que cette superstition-là me touche, — quand un homme un peu aisé est mort, on va annoncer l'événement à ses abeilles, à qui l'on dit d'un ton désolé : « Mouches, vous n'avez plus de maître ! Vous n'avez plus de maître, mouches ! » Et l'on couvre d'un crêpe les ruchers pour les faire participer à la tristesse de la famille. On voile de même toutes les glaces de la maison. On arrête de même toutes les pendules et toutes les montres qui, désormais, n'ont plus d'heures à sonner et à marquer pour le défunt.

Ici, aussitôt qu'une créature humaine a rendu son âme à Dieu, on jette par les fenêtres l'eau de tous les vases, le liquide de toutes les carafes, convaincu que l'on est que, si on négligeait cette tradition, l'âme échappée de sa cage charnelle serait exposée à se noyer.

(N. B. — On néglige de jeter dehors le vin des bouteilles, — un liquide comme un autre pourtant...)

Ici, quand un enfant meurt dans la quinzaine de Pâques, l'ensevelisseuse ne manque jamais de placer dans ses petites mains un œuf rouge ou un œuf violet, afin qu'il puisse jouer et faire la dînette avec les autres enfants qui l'ont précédé dans le paradis — ou dans les limbes. Quand il s'agit d'une grande personne, ce n'est pas un œuf de Pâques qu'on place dans ses mains c'est un livre d'heures si elle sait lire, ou un chapelet si elle ne le sait pas.

Ici, quand on a la jaunisse, on la guérit — du moins on essaie de la guérir — en portant pendant neuf jours à son cou un jaune d'œuf cuit, ou en arrosant *naturellement* des orties pendant le même temps.

Ici... Mais que vais-je relever là pour me moquer des Bressauds? J'oublie que les Parisiens sont tout aussi moquables, et que Paris — ce Conservatoire du scepticisme — est tout aussi pourri de préjugés religieux que la dernière bourgade de France.

J'oublie, par exemple, qu'à Paris, renverser une salière c'est attirer sur sa tête un malheur prochain.

J'oublie qu'à Paris le bourgeois le plus voltairien, quand il a mangé des œufs à la coque, s'empresse d'en briser les coquilles sur son assiette, — de peur de s'attirer une maladie s'il les laissait entières.

J'oublie qu'à Paris le même bourgeois, qui sourit de pitié lorsque sa femme ou sa mère, avant d'entamer le pain, fait une croix dessus avec le couteau, gronde très amèrement la servante d'avoir placé sa cuillère et sa fourchette en croix, — un mauvais signe, selon lui.

J'oublie qu'à Paris le même bourgeois se garderait bien de donner un couteau à son ami ou à sa maîtresse, — de peur de *couper l'amitié.*

J'oublie qu'à Paris on ne manque jamais de dire à un homme qui éternue : « Dieu vous bénisse! » et à un convive à qui on vient de verser le dernier verre d'une bouteille de vin : « Vous serez marié dans l'année! »

J'oublie qu'un Parisien en promenade dans les bois de Meudon, entendant chanter le coucou, s'empresse de toucher à l'argent qu'il a dans son gilet — afin d'en avoir toute l'année.

J'oublie que les Parisiens brûlent la paille du lit de leurs morts, — même celle qui pourrait encore servir aux vivants.

J'oublie qu'à Paris on enterre les enfants avec leurs jouets — afin qu'ils puissent jouer avec les autres bambins dans leurs Tuileries mortuaires, — et que j'ai vu mettre au cercueil, avec son uniforme, un capitaine de la garde nationale qui avait peut-être l'intention de passer une revue aux Champs-Élysées.

J'oublie qu'à Paris les mères cachent dans des trous de souris les dents de leurs marmots, — intimement convaincues qu'il leur en repoussera d'autres plus fraîches et plus belles.

J'oublie qu'à Paris les femmes enceintes qui ont des envies se gardent bien de mettre la main droite sur une partie quelconque de leur corps, et spécialement sur leur visage, — de peur que leurs « fruits » n'aient une montre à répétition dans l'œil ou un potiron sur l'épaule.

J'oublie qu'à Paris, où l'on se fait gloire d'être irréligieux — comme s'il y avait de quoi! — le plus abonné du *Siècle* lorsqu'il rencontre un prêtre, s'empresse de toucher un morceau de fer quelconque, sa clef ou la grille d'une boutique.

J'oublie qu'à Paris, où l'on ne croit pas à Dieu, les gens qui ont un enfant malade, pour le sauver, le vouent au bleu et au blanc, — c'est-à-dire à Marie, mère de Dieu.

J'oublie bien des choses encore — volontairement. La liste des superstitions parisiennes serait longue, si je les voulais donner toutes, — plus longue, que celle des superstitions vosgiennes. Le monde est encore en enfance — ou il y est retombé, après avoir franchi des périodes de puberté et de maturité : d'où sa crédulité, ses faiblesses d'esprit, ses *puérilités*. Ce n'est pas parce que le Parisien tire la langue et fait le pied de nez aux choses respectables qu'il me prouve son émancipation : il ne me prouve que son cynisme. Tant que nous serons sceptiques, nous serons bien près d'être bigots : quand nous serons indifférents, nous pourrons nous dire athées. Et, pour clore ces réflexions épineuses et inutiles, je dois déclarer qu'il y a cette différence entre les Parisiens et les Bressauds, que les premiers ne savent pas pourquoi ils font les choses superstitieuses constatées plus haut, et que les seconds croient le savoir et peut-être le savent...

Nos inexpressibles sont prêts, lavés et repassés. Il est trois heures de l'après-midi : auberge du *Soleil d'or*, adieu !

AH ! ENFIN !...

Nos pieds encore endoloris refusent leur service habituel : nous les contraignons à arpenter la route au pas gymnastique. La douleur ancienne se guérit par une douleur nouvelle, les semblables se guérissent par les semblables.

C'est ainsi que se tua René Descartes. L'inventeur des *Tourbillons*, étant malade de la fièvre, se fit apporter de l'eau-de-vie. Son médecin, voulant s'opposer à cette singulière médication : « Monsieur, lui dit le moribond, les semblables se guérissent par les semblables ; ainsi, laissez-moi, je vous prie, gouverner ma petite machine. » Et, en même temps, il but un grand verre d'eau-de-vie et guérit en effet — pour l'éternité. Il avait cinquante-quatre ans. Pauvre philosophe ! lui qui s'imaginait avoir découvert le secret de vivre *cinq ou six cents ans !* Il est vrai que, sans cette cause étrangère et violente, qui dérégla « sa petite machine », il eût pu vivre longtemps, affirmait l'abbé Picot, admirateur de Descartes.

La vallée de la Bresse n'est pas gaie. Ces murailles de roches noires qui la ferment à droite et à gauche n'ont rien d'hospitalier. Heureusement, vers le midi, elle s'élargit et perd son aspect rébarbatif.

Un village, — Cornimont. Nous y faisons une halte dans le poêle d'un cabaret, où nous nous faisons servir du pain et du fromage que nous arrosons d'un pot de jinglard qui réveillerait René Descartes lui-même. Les heureux de ce monde, les délicats qui perdent leur appétit pour trop raffiner, ne peuvent pas se douter de la quantité de volupté gastrique que renferme un pareil repas pris sur le pouce, — pain bis blanc, frais, sentant la fleur de farine, fromage épais, un peu gras, pas plus odore qu'il ne faut, avec un petit vin suret qui chatouille les papilles de la langue... C'est délicieux ! Mais, pour le trouver tel, il faut être dans les conditions où nous sommes, Fantasio et moi.

Nous *goûtons* donc avec appétit, en compagnie d'une armée de mouches, qui ne se contentent pas des miettes que nous leur abandonnons, mais prétendent à partager notre pain et notre fromage — en se réservant, bien entendu, la part du lion. Plus nous les chassons, et plus elles s'acharnent sur nous. Nous nous résignons à subir cette promiscuité.

Tout en goûtant, nous examinons l'ameublement du poêle, assez remarquable. Le lit est un lit Louis XVI, à baldaquin vert. Les fauteuils, de la même époque, sont en tapisserie. Sur le dressoir en bois brun, des faïences nombreuses, les unes vulgaires et les autres rares. Sur les murs, collées, des images d'Épinal, fabrique de Pellerin : la *Prise de Constantine* et les *Amours d'Henriette et Damon*, le *Passage des Portes de fer* et l'*Histoire de Geneviève de Brabant*, l'*Arbre d'Amour* et la *Saint-Lundi*. Les sujets guerriers ou bachiques ont été collés là par le mari, ancien soldat; les sujets tendres par la femme. Ces petits musées rustiques ne me déplaisent pas, à cause de leur simplicité et de leur naïveté ; cependant, je ne serais pas fâché de voir substituer à cette imagerie populaire, souvent de mauvais goût, une imagerie moins primitive, plus artistique. Les belles choses ne coûtent pas plus cher que les choses laides : au lieu de s'adresser à des rapins, on n'a qu'à s'adresser à des artistes. Alexandre Pothey avait commencé il y a quelques années une réaction, en gravant sur poirier une *Pietà* dessinée exprès par Eugène Delacroix, qui ne devait pas coûter plus d'un sou : la chose n'eut pas de succès. Pothey ne s'est pas découragé : voilà un an qu'il travaille après un Raphaël d'un mètre carré qui ne coûtera pas beaucoup plus cher que les plus affreuses enluminures d'Épinal. Réussira-t-il, cette fois ? J'y compte bien, — pour l'honneur du goût national.

Les mouches vont nous forcer à lever le siège. Entrent en ce moment dans le poêle deux hommes à face suspecte, à qui nos visages semblent louches, car, tout en causant avec la cabaretière, ils nous reluquent des pieds à la tête. Je fais signe à Daudet, qui comprend — et se trouble. L'un des deux hommes s'avance brusquement vers nous.

— Monsieur, voulez-vous nous faire l'amitié d'accepter un verre de vin avec nous ? lui dis-je, en affectant l'empressement embarrassé de quelqu'un qui a intérêt à se mettre bien avec l'autorité.

— Je ne bois pas avec les gens que je ne connais pas ! répond impoliment l'homme à face suspecte. Et, où, allez-vous comme ça ? nous demande-t-il en fronçant les sourcils.

— Je ne réponds pas aux gens que je ne connais pas !

— Voyons ! ce n'est pas tout ça !... Votre passeport ?...

— Ah ! enfin ! ! !...

Quelqu'un nous a donc demandé notre passe port !

Daudet montre le sien, je montre le mien : les deux hommes à face suspecte ébauchent un sourire qui ne leur va pas du tout, mais pas du tout !

— Parfaitement en règle, messieurs, parfaitement en règle! Maintenant que nous savons qui vous êtes, nous acceptons avec empressement votre verre de vin.

— Et nous, maintenant que nous savons qui vous êtes, nous ne vous offrons absolument rien !...

Et nous sortons majestueusement du poêle, Daudet et moi, laissant les deux agents ahuris.

— Il faut les excuser, nous dit tout bas la cabaretière en me rendant la monnaie : l'Empereur est à Plombières, et... vous comprenez !...

Nous ne comprenons pas du tout et nous nous en allons gaiement.

LA LÉGENDE DU FER A CHEVAL

A quelque distance du village de Cornimont, j'apercois, sur les cailloux de la route, quelque chose de brillant. Je me baisse : c'est un fer à cheval. Je le ramasse et, le présentant à mon compagnon, je lui demande ce que c'est.

— Ça? c'est un morceau de fer.

— Pas du tout : c'est une légende.

— Une légende? Raconte-la-moi.

— Je le veux bien. C'est un souvenir d'enfance, et, maintenant que j'ai de la barbe, cela me réjouit de me rappeler le temps où je n'en avais point et où je regardais les sapeurs avec de si grands yeux... Cette légende, c'est un ouvrier de mon père qui me l'apprit. Econome à l'excès, il ramassait tout ce qu'il trouvait, les épingles de laiton dans la rue et les épingles en or dans l'atelier... Ce fut même à l'occasion d'une trouvaille de ce genre qu'on lui donna sa canne...

— La légende ! la légende !

— Voilà. Jésus voyageait un jour d'été avec saint Pierre, comme nous voyageons en cet instant. Ils aperçoivent sur leur route, comme nous tout à l'heure sur la nôtre, une semelle de fer échappée à la bottine d'un cheval. « Pierre, ramassez cela », dit doucement Jésus. « Un vil morceau de fer ? Jamais je ne me baisserai pour si peu de chose ! » répond dédaigneusement le futur portier du Paradis. Jésus ne dit rien et ramasse le fer à cheval. La route était longue et la chaleur excessive...

— Comme aujourd'hui notre route et notre chaleur.

— Au premier village, Jésus vend son fer. Un fer à cheval neuf, tout posé, coûte, je crois, six sous : Jésus reçoit deux sous de son vieux fer. Avec ces dix centimes, il achète des cerises qu'il cache sous sa robe; puis il reprend sa route, suivi du fidèle saint Pierre. La chaleur était excessive et la route était longue...

— Tu l'as déjà dit !

— Non. J'ai dit : la route était longue et la chaleur excessive.

— Eh bien ?

— Eh bien ! ce n'est pas la même chose. Je continue... La chaleur était excessive, et pas le moindre cabaret où l'on pût espérer se rafraîchir. D'ailleurs, cabaret ou non, Jésus n'avait pas un sou et saint Pierre n'en avait pas davantage. Saint Pierre tirait la langue si longue, si longue, que Jésus eut pitié de lui : il laissa négligemment tomber une cerise que saint Pierre ramassa avec empressement et mangea avec plaisir. Les cerises ont cela de bon, comme la plupart des fruits, du reste, qu'il y a dedans à boire et à manger. Saint Pierre n'avait pas faim, mais il avait horriblement soif... A quelque distance de là, comme il tirait de nouveau la langue, Jésus laissa de nouveau tomber une cerise que saint Pierre ramassa avec le même empressement que la première. Plus loin, puis plus loin, puis toujours ainsi jusqu'au bout du chemin, Jésus et saint Pierre en firent autant une cinquantaine de fois, le premier laissant tomber et le second ramassant. Quand toutes les cerises furent mangées, Jésus dit à saint Pierre...

— Ne me dis pas ce que Jésus dit... Je le sais aussi bien que toi : « Pour n'avoir pas voulu te baisser une seule fois, tu as été forcé de te baisser cinquante!... » Toutes ces légendes sont charmantes, mais elles ont un tort, c'est de renfermer une *morale*... Je n'aime que les morales que je trouve et j'ai horreur de celles que l'on m'offre !... Mais il me semble que je souperais volontiers... Où sommes-nous ici ?...

— A Ventron, mon ami.

AU FRÈRE JOSEPH

Ventron n'est pas grand, mais nous boirons dans Ventron. Il est sept heures et demie. Cherchons une auberge dans nos cordes. Un capucin, du haut de son enseigne, nous invite à entrer, « Entrons chez le *Frère Joseph.* » Autant lui qu'un autre !

La salle de l'auberge où l'on met notre couvert donne sur une cour-jardin où picorent des poules et où flane un âne au poil bourru que je signale à Fantasio. Il ressemble ainsi à un caniche fauve.

J'aime les ânes, je ne m'en cache pas. La grâce leur est défendue comme le *Pater*, je le sais bien, mais ils se sauvent par une adorable gaucherie qui me ravit toujours. On dirait vraiment qu'ils ont été fabriqués par des artistes de la forêt Noire, à coups de serpe — comme les bonshommes en sapin qu'on nous donnait en étrennes au temps jadis, lorsque nous avions l'inappréciable bonheur d'être enfants. Le poil — un poil roussi — leur envahit les jambes, leur couvre les reins, leur cache les yeux, et, quand ils se secouent et vous regardent, ils vous ont un air futé qui fait plaisir. Et leurs longues oreilles, comme il serait dommage qu'elles fussent plus courtes ! Comme elles vont et viennent d'une façon extravagante ! Comme elles se dressent, comme elles se couchent ! Ah ! bons ânes, que vous êtes drôles, et que Sterne a bien fait de vous consacrer un chapitre !

— Veux-tu, Fantasio, que nous traduisions ensemble *The dead Ass ?*

— Je le veux...

— « Et cela, dit-il en tirant de sa besace une croûte de pain, cela aurait été ta part !... Vivant, tu aurais partagé cela avec moi !... » Je crus, à l'air qu'il mit à prononcer cette exclamation, qu'il s'adressait à son enfant. C'était à son âne, — à ce même âne que nous avions rencontré mort sur la route et qui avait été la cause de la mésaventure de Lafleur. Cet homme se lamentait beaucoup. Il me rappela la douleur de Sancho en semblable occasion ; mais la sienne avait des touches plus naturelles. Il était assis à la porte, sur un banc de pierre, ayant à côté de lui le bât et la bride de son âne, et les regardant de temps en temps en secouant tristement la tête. Il prit de nouveau dans son bissac, comme pour la manger, sa pauvre croûte de pain, la conserva quelques instants dans sa main ; puis la plaçant sur un coin de la bride de l'âne, il contempla attentivement ce petit arrangement et poussa un soupir. La naïveté de sa douleur amena beaucoup de monde autour de lui, — et Lafleur avec tout le monde. Entre temps, on préparait les chevaux, et moi, du haut de ma chaise de poste, je plongeais par-dessus la foule, entendant tout et voyant tout. Ce malheureux raconta qu'il venait tout récemment de l'Espagne, loin, bien loin des frontières de la Franconie, — si loin de sa patrie, qu'au retour son âne était mort de fatigue. Et, comme chacun des spectateurs paraissait désireux d'apprendre quelles aventures avaient pu conduire si loin de son pays natal un homme si vieux et si pauvre, il répondit qu'il avait plu au ciel de lui donner le bonheur en lui donnant trois fils, — les plus beaux enfants de toute l'Allemagne, — mais que, deux d'entre eux étant morts de la petite vérole dans l'espace d'une semaine, et le troisième, le plus jeune, ayant été atteint par le même fléau, il avait été épouvanté à l'idée d'être ainsi privé de tous ses enfants, et qu'alors il avait fait un vœu !... Il avait promis au ciel — s'il daignait épargner ce dernier-né — de faire, par reconnaissance, un pèlerinage à Saint-Jacques de Compostelle, en Espagne... Arrivé à cet endroit de son récit, le malheureux homme s'arrêta pour payer son tribut à la nature : il pleura amèrement et abondamment. Puis il reprit, disant que le ciel, ayant accepté ses conditions, il avait quitté sa maison avec son âne, — qui avait été pour lui un honnête, patient et courageux compagnon de voyage, — qui, durant toute la route, avait mangé le même pain que lui, — qui, enfin, avait été pour lui comme un ami... Tout le monde écoutait le pauvre homme avec intérêt. Lafleur lui offrit de l'argent. Il remercia et répondit qu'il n'en avait pas besoin, qu'il pleurait la perte de son âne, — non sa valeur. Cette vaillante bête l'aimait, il en était assuré, — il avait eu des preuves de son attachement ; et, à ce propos, il fit longuement le récit d'un malheur qui leur était arrivé, à son âne et à lui, en traversant les Pyrénées. Ils s'étaient égarés, et, pendant trois jours son âne — l'avait cherché, et il avait cherché son âne — et ni l'un ni l'autre n'avaient mangé ou bu avant de s'être retrouvés... — « Tu as du moins une consolation, ami, dans la perte de ton pauvre animal, lui dis-je alors. Je suis convaincu, que tu as toujours été pour lui un maître miséricordieux... — Hélas ! répondit le malheureux homme, je le croyais aussi quand il vivait ; mais maintenant qu'il est mort, je pense autrement... Je crains que mon propre poids — et le fardeau de mes douleurs et de ma conscience tout ensemble — n'aient abrégé les jours de la chère créature, et je redoute d'avoir à en rendre compte là-haut ! — Quelle humiliation pour le monde ! pensai-je alors. Si nous nous aimions les uns les autres seulement comme ce pauvre cœur aimait son âne, ce serait déjà quelque chose, et nous en vaudrions un peu mieux !... *(Shame on the world! Did we love each other, as this poor soul but loved his ass, t'would be something !...)* »

Aimons-nous, aimons-nous un peu les uns les autres, ô mes frères — ennemis !

— Messieurs, quand vous voudrez souper ?...

C'est la voix de notre hôtesse qui nous rappelle à la réalité. Elle ajoute :

— Cela ne déplairait pas à ces messieurs que monsieur soupe avec ces messieurs?

Monsieur est un gros homme de mine gaie, en blouse bleue, qui s'assied en face de nous et que l'on sert toujours avant nous. L'hôtesse est jeune, jolie, aimable : pourquoi ne pas réserver sa jeunesse, sa grâce et ses sourires pour nous, qui nous rapprochons plus d'elle que ce gros homme en blouse bleue — et qui voudrions nous en rapprocher davantage encore ? Pourquoi nous regarde-t-elle si légèrement, — je n'ose pas dire si dédaigneusement ?

Le *parceque* de ce *pourquoi* nous est servi au dessert, qui succède pour nous au potage, car nous avions les yeux plus grands que la panse et nous n'avons pu toucher ni à l'omelette au lard ni aux truites au bleu qu'on nous a présentées. Trop fatigués pour avoir faim.

Le *parceque* de ces deux *pourquoi*, le voici : le gros homme en blouse bleue est monsieur le maire de Vendron lui-même, ex-propriétaire de l'auberge du *Frère Joseph*, ex-marchand de fromages de Gérardmer, et, pour le quart d'heure, marchand de vins en gros. Une seconde édition — revue, non corrigée, et considérablement augmentée — du maire des Prés de Rave !

X

LA FORÊT ENCHANTÉE

Mercredi, 19 juillet.

Nous nous sommes bien fait expliquer hier soir notre chemin par monsieur le maire-aubergiste-marchand de fromages et de vins de Ventron : il n'y a pas moyen de nous tromper. Au lieu d'aller à Bussang par le chemin de tout le monde, — un chemin d'une heure, — nous avons résolu d'y aller par la route difficile et infrayée : à travers la forêt du Bonhomme et les bois du Rouge-Gazon.

Partis à quatre heures du matin. Personne n'est réveillé — si ce n'est les chiens. Nous apercevons la forêt, à notre droite, au sommet d'une côte noire et triste. Nous montons, nous montons, nous montons. Quand nous sommes las de monter, nous montons encore, nous montons toujours ! Le soleil ricane de nous voir entreprendre cette ascension, par sa chaleur. Enfin, à force d'escalader le granit, nous arrivons à la forêt, dans laquelle nous nous engageons avec plus de courage que de prudence. La forêt monte aussi, elle, mais au moins elle a de l'ombre. Nous montons de nouveau. Une prairie s'offre tout à coup à nos yeux, encadrée de bois comme les

Prés de Rave; un groupe de faucheurs dans le lointain : je cours à eux et leur demande notre chemin. Ils me répondent quelque chose que je ne comprends pas, mais que j'essaie de traduire à Fantasio, resté à m'attendre *sub tegmine fagi*, comme Virgile florissant dans un loisir sans gloire. Nous reprenons notre route — au hasard.

Cette forêt est merveilleuse. De grands hêtres, de gigantesques sapins, d'énormes roches moussues, avec des fougères sous lesquelles on pourrait danser, — quoi qu'en ait dit Alphonse Karr. — Merveilleuse et enchantée, car nous avons beau monter sans cesse, nous ne rencontrons pas vestige de sentier: les lézards et les couleuvres, seuls, doivent hanter ces parages. Croyant faire fausse route, nous redescendons en sautant, comme deux chamois, de roche en roche, au risque de nous casser les jambes en sautant à faux. Après être bien descendus nous remontons, puis nous redescendons, puis nous remontons, — sans avoir réussi à trouver la moindre sente qui nous guide. A nos pieds, dans le lointain, la vallée, le clocher de Ventron, l'auberge du *Frère Joseph*; y redescendre ? Jamais!

Nous reprenons bravement notre ascension pour la quatrième fois. S'il y avait au moins un escalier, à ces dix-huit étages! Ah! bien, oui! un escalier! un mur gazonné sur lequel nous dansons — malgré nous — la polka, en faisant un pas en arrière et deux en avant. Quand donc arriverons-nous à la crête de cette muraille verte, sur les toits de cette cage d'escalier, — sans escalier ?

Il doit être tard, très tard, à en juger par notre fatigue et par l'intensité du bruit que font les insectes de la forêt réjouis par ce qui nous afflige.

— le bruit d'une armée d'écoliers en récréation. Le soleil profite des moindres fissures pour nous accabler de ses flèches rougies à blanc. Daudet, pour se consoler, murmure quelques vers de l'épisode d'Aristée — en situation, du reste :

Jam rapidus torrens sitientes Sirius Indos
Ardebat cœlo . . . .
. . . . *Arebant herbæ, et cava flumina siccis*
Faucibus ad limum radii tepefacta coquebant.

Je tombe épuisé sur l'herbe, la langue d'un pied hors de la bouche.

— Laisse-moi là... cherche ton chemin tout seul, mon cher Daudet. Tout seul tu le trouveras... Avec moi, jamais!...

Daudet, pour toute réponse, me tend un bouquet de fraises des bois qu'il a cueillies çà et là après le mur végétal que nous escaladons : il n'y a que les myopes pour avoir de si bons yeux ! Moi qui ai de bons yeux, je ne vois absolument rien.

Ces petites fraises sont exquises de parfum, mais elles sont insuffisantes contre la soif qui me dévore. Ma langue sort toujours d'un pied. Jamais! non, jamais je n'ai eu soif comme aujourd'hui ! Jamais je n'avais su, jusqu'ici, ce que c'est que d'avoir soif! Jamais je ne me serais imaginé qu'on pût souffrir autant de la soif! « Beaumanoir, bois ton sang ! » Mais je n'ai pas même la force de remuer les bras : comment ferais-je pour me planter une cannelle dans le ventre et me soutirer quelques pintes de bourgogne artériel ou veineux ?... O misère ! je comprends aujourd'hui seulement les horreurs du radeau de la *Salamandre* d'Eugène Sue.

Pas la moindre source dans cette forêt ! Le soleil a tout bu, l'odieux goinfre !

. . . . *Et cava flumina siccis*
Faucibus ad limum radii tepefacta coquebant

Je trouve Virgile *tiède!* C'est *torrefacta* qu'il eût dû dire.

Je suis tombé au milieu d'herbes et de plantes que je ne connais pas. Ces plantes, qui croissent en abondance autour de moi, ressemblent à du buis ; leurs petites baies d'un noir bleu sinistre tentent mes lèvres. Si c'était du poison ? Pourquoi serait-ce du poison ? D'ordinaire, les plantes vénéneuses sont plus jolies que les plantes inoffensives, — comme les *gueuses* plus séduisantes que les honnêtes filles. Ce faux buis est laid : donc il est bon. Daudet ne me voit pas, occupé qu'il est à me chercher des fraises : je me risque !...

O découverte plus précieuse que celle de l'Amérique ! je suis tombé dans un buisson de myrtilles ! Ce sont des *brimbelles* que je bois là à poignée ! Sainte Brimbelle, merci !... Je t'ai dédaignée à La Bresse, chez Tissier, l'aubergiste du *Soleil dor;* mais ici, dans cette forêt du Rouge-Gazon, je ne crains pas de te faire amende honorable. Tu es acidulée en diable, chère brimbelle, mais tu rafraîchis les palais desséchés ! Sois bénie, sainte Brimbelle ! Si tu n'es pas précisément le vin de la légende bretonne,

Le vin mystérieux qui fait germer les vierges,

tu es, du moins, le vin qui réconforte les pauvres voyageurs égarés dans les forêts vosgiennes !...

Daudet est averti de ma découverte par mes exsultations : il accourt et prend sa part de ma vendange.

Nous nous remettons en route, regaillardis. Les

chamois sont moins ingambes que nous. Nous escaladons les roches moussues comme si de rien n'était. Au bout d'une heure d'ascension — coupée de verres de brimbelles — nous arrivons au sommet de la forêt du Bonhomme, et nous apercevons dans le lointain la vallée opposée à celle que nous avons quittée ce matin. La descente est dure, mais nous allons vers les auberges et cela nous donne des ailes et de l'adresse. Au bout de deux heures nous atteignons un escarpement où s'arrête la forêt : un mur de deux cents mètres de hauteur, au bas duquel sont quelques maisons dont sortent les habitants pour nous voir descendre.

Le spectacle doit être curieux pour eux, en effet. Ce chemin perpendiculaire, brûlé du soleil, sur lequel nous ne craignons pas de nous aventurer, est, à ce que nous devinons, un chemin de schlitte, — la pente sur laquelle on fait glisser les traîneaux de sapins abattus. Prends garde, Fantasio ! Du sang-froid, Spark ! Les pierres roulent, nous dégringolons plus vite que nous ne le voudrions, — bien que pressés ; un moment nous regrettons de ne pas avoir contourné la montagne, de n'avoir pas pris un chemin plus long mais moins scabreux. Mais nous n'avons pas le temps de réfléchir et de regretter : les pierres continuent à rouler sous nos pieds, et nous après les pierres. Pif ! paf ! boum ! tric ! Nous déboulons, nous arrivons, nous sommes arrivés !...

Les paysans qui nous regardent sont stupéfaits. Nous nous plaisons à mettre le comble à leur stupéfaction en nous plongeant la tête dans un ruisseau que nous venons d'apercevoir. Ah ! la belle eau ! la bonne eau ! le vin du Clos-Vougeot grise moins ! Si cela continue, je reviendrai à Paris ivrogne d'eau.

Qui donc a dit qu'il est imprudent — et même mortel — de boire de l'eau froide lorsqu'on est en sueur? Ceux qui ont dit cela ne se rappelaient pas Alexandre en nage, traversant le Cydnus glacé. A défaut d'Alexandre, je citerai désormais notre propre exemple, — si nous ne mourons pas en route, Daudet ou moi.

Il est dix heures. Nous en avons donc mis six pour faire un trajet qui n'en exige même pas une.

ENCORE L'HOTEL DE LA POSTE !

Déjeuné dans un cabaret à Bussang, — un village de rien du tout, connu dans le monde entier pour l'excellence de ses eaux ferrugineuses. Nous y apprenons de l'aubergiste que le chemin de schlitte, par lequel nous sommes sortis si rapidement de la Forêt du Bonhomme, s'appelle la *Goutte du Hennont*. Il y a beaucoup de *gouttes* dans les Vosges, on en rencontre partout — excepté quand on a soif.

Après notre frugal déjeuner, sieste auprès d'un ruisseau qui ne tardera pas à devenir rivière, puis fleuve, — la Moselle.

Trois heures, nous nous remettons en route — avec l'orage pour compagnon. Le tonnerre roule avec un bruit du diable dans cette vallée : on dirait une canonnade. Sommes-nous à Austerlitz ou à Saint-Maurice?

Nous sommes à Saint-Maurice, — une villette située au pied du Ballon d'Alsace et du Ballon de Servance. C'est la frontière de la vallée de Bussang et la frontière de l'Alsace.

Il pleut, il est six heures : nous nous réfugions

dans la première auberge venue, qui se trouve être l'*Hôtel de la Poste*. On nous y reçoit mal — comme partout où nous nous présentons. Là comme ailleurs on nous prend pour des vagabonds, des porteurs de balle, des je ne sais quoi de peu flatteur. Partout, jusqu'ici, ce dédain nous a fait sourire : mais ici il nous blesse — parce qu'il part des yeux de deux jeunes filles, qui pourraient être plus perspicaces : c'est sans doute notre attitude courtoise et la douceur de notre langage qui enhardit tous ces gens et les rend grossiers envers nous : il faudra que nous nous décidions à être grossiers pour qu'on devienne poli. Ce sera dur.

Nous demandons à souper et à coucher. Pendant qu'on nous prépare nos lits dans le poêle du premier étage, nous entrons dans la salle à manger dont la table est en ce moment occupée par trois personnes. Nous saluons : une seule personne nous rend notre salut. C'est un homme simplement vêtu, dont la conversation est sobre mais nourrissante ; nous l'écoutons avec intérêt. C'est ainsi qu'il nous apprend — l'orage est naturellement sur le tapis — que la foudre ne frappe jamais les hêtres dans les forêts de sapins, et qu'en outre, dans ces mêmes forêts, elle n'atteint jamais certaines zones connues des bûcherons, qui s'y réfugient de confiance. Ses deux vis-à-vis de table, voyant qu'il cause avec nous, veulent causer aussi, mais nous feignons de ne pas nous apercevoir qu'ils sont là, — à ce point que l'homme poli offrant à l'un des impolis, ses voisins de face, une cuisse de la volaille qu'il vient de découper, je me hâte de lui dire en lui retenant le bras :

— Mais restez donc servi, monsieur, je vous en prie !

L'homme poli sourit, mais les impolis font la grimace.

A qui avons-nous affaire? Quels sont ces trois inconnus qui nous regardent d'un œil si différent? L'un est un jeune Allemand en lunettes à qui nous avons demandé ce que signifie le mot *schlitte* et qui n'a pas pu nous l'apprendre. Son voisin de gauche est un gars épais, moitié ouvrier et moitié bourgeois, qui a l'air d'être le subalterne de l'écuyer tranchant, car après avoir accepté le pilon que ce dernier lui offrait, il lui a dit avec une grande déférence :

— Je vous remercie, monsieur l'inspecteur.

Inspecteur de quoi? S'ils causaient, nous le saurions. Mais ils ne causent pas : l'un n'ose et l'autre ne daigne. Cependant quelques mots çà et là nous servent d'indices : *encrouage*, *baliveau*, *plançon*, *triage*, *essartement*, *assiette*, *débardage*. Nous avons affaire à des forestiers — un inspecteur général et son arpenteur. Tout s'explique maintenant!

Les truites font leur apparition sur la table : nous nous régalons, Daudet et moi, devinant bien que nous n'en aurons pas ainsi à notre dîner tous les jours de notre vie mortelle. Chair très délicate, la truite de montagne! Aucun rapport avec la truite de Seine, aucun!

Tout en nous régalant, et en buvant une bouteille de vin clairet de Bar, nous causons avec aisance et facilité d'une foule de choses dont on ne soupçonnerait pas capables nos humbles vêtements. J'ai toujours ri devant ces deux ouvriers de Gavarni, attablés dans un cabaret, et l'un disant à l'autre : « Un jour, d'Albuféra me dit : *Mon cher!...* » Que doivent penser nos voisins de table en nous entendant parler avec tant de familiarité de toutes les illustrations parisiennes — dont quelques-unes européennes? Nous faisons une salade singulière avec Ponson du Terrail et Léotard, avec Timothée Trimm et Thérésa, avec Villemessant et Suzanne Lagier. Puis, passant du doux au grave, nous racontons — du moins Fantasio raconte — les derniers moments du duc de Morny avec un luxe de détails intéressants et inédits. L'inspecteur général nous écoute sympathiquement, quoique avec une extrême réserve : c'est un homme qui ne se livre pas. Le jeune Allemand et l'arpenteur n'ont pas assez de leurs yeux et de leurs oreilles pour nous regarder et nous écouter : ne pouvant devenir polis avec nous, ils s'empressent d'être obséquieux.

XI

DE LA SINCÉRITÉ ET DE LA MANIÈRE DE NE PAS S'EN SERVIR

Jeudi 20 juillet.

Couché dans le poêle. Bien dormi. Impossible de nous remettre en route : Daudet a les pieds aussi enflés que ceux du fils de Laïus et de Jocaste après sa pendaison. Œdipe! Œdipe! pourquoi alors nous as-tu fait réveiller à quatre heures du matin? J'aurais si volontiers dormi la grasse matinée, moi que la Nature a créé loir et dont la société a fait un coq! C'est si bon d'être supin! C'est si désagréable, l'activité!

Déjeuné dans la loge, au fond du jardin, sur les bords d'un ruisseau. Déballé nos souvenirs. Anecdotes intimes. Révélations scandaleuses, inimprimables : c'est toujours ce qu'il y a de plus intéressant qu'on ne peut pas raconter. Une page de Balzac inédite...

Journée passée sur l'herbe, au murmure d'un ruisseau sur son lit de cailloux, à regarder courir les nuages blancs dans les plaines bleues. C'est décidément très bon d'être supin!

Soupé à sept heures. Le jeune Allemand à lunettes est parti : bon voyage! Nous ne sommes plus que quatre : l'inspecteur général et son arpenteur, Œdipe et moi. Encore des truites! toujours délicieuses. Bu de l'eau de Bussang, — très apéritive. Bu un verre de kirsch, — très échauffant.

— Je n'aime pas beaucoup cet extrait d'acide prussique, cette eau de mort de la Forêt Noire! murmure Œdipe en s'en versant un second verre, pour se désaltérer d'avoir bu le premier.

— De la Forêt Noire ou d'ailleurs, mon cher Œdipe! Tu es encore de ceux qui croient à l'authenticité des étiquettes, aux biscuits de *Reims*, à l'anisette de *Bordeaux*, aux pruneaux de *Tours*, aux confitures de *Bar*, aux melons de *Cavaillon*, au chasselas de *Fontainebleau*, aux haricots de *Soissons*, au vin de *Bordeaux*, à l'eau-de-vie de *Cognac*, etc., etc., etc. ?... C'est comme si tu croyais que les cigares viennent de la Havane! Ils y vont, mais ils n'en viennent pas!...

— Vous avez raison, monsieur, quant au kirsch, répond l'inspecteur général. Il en vient de la Forêt Noire, mais en très petite quantité... C'est comme pour le Johannisberg que tant de richards se vantent d'avoir dans leurs caves : le prince de Metternich, à qui appartient ce petit clos du Johannisberg, n'en vend à personne et en envoie seulement quelques bouteilles aux têtes couronnées. Le *Café de la...* à Paris, croit avoir du kirsch authentique et il le fait payer en conséquence. Eh bien! il n'a que du pseudo-kirsch, fait avec des merises — et surtout avec autre chose... Je connais son fournisseur, qui est du Val d'Ajol. Un jour, pris de remords, il envoie à Paris, au *Café de la...* un fût de kirsch sincère... Son commettant lui répond poste pour poste une longue lettre de reproches : « Ce n'est pas bien ! Depuis si longtemps que vous me fournissez, me tromper ainsi ! m'envoyer un kirsch dont ne voudrait pas un cafetier de barrière »... etc., etc. Il y en avait comme cela quatre pages. Que fit le fournisseur ? Il se le tint pour dit et, désormais, n'envoya plus que de son pseudo-kirsch fait d'autre chose que de merises... et le maître du *Café de la...* fut ravi.

— La sincérité est une vertu compromettante, en effet, monsieur, et votre histoire m'en rappelle une autre de la même farine... Il y a quatre ou cinq ans, j'étais chargé de faire, pour un petit journal judiciaire aujourd'hui devenu grand, la physionomie de la police correctionnelle, une spécialité difficile dans laquelle Wollis s'est fait un nom, et aussi Jules Moineaux, et aussi Gustave Bourdin. Je ne sais pas comment ces messieurs faisaient, mais moi qui aime l'air et qui mourrais asphyxié par l'atmosphère de la septième chambre, je me contentais d'imaginer des affaires correctionnelles... Mon rédacteur en chef me faisait de temps en temps des compliments, de véritables compliments — en espèces. Un jour, pris de remords comme votre ami du Val d'Ajol, je vais faire un tour à la septième chambre et j'en rapporte deux affaires amusantes et authentiques. « Ah ! farceur ! me dit mon rédacteur en chef. Cette fois vous n'êtes pas allé à la Correctionnelle ! cela se voit : vos deux affaires n'ont pas l'air d'être arrivées !... » J'en convins, on me pardonna — et je continuai, comme par le passé, à ne pas mettre les pieds à la septième chambre, ni à la sixième, ni à nulle autre...

Cette histoire clôt le souper, nous allons fumer

une pipe sur un banc adossé à l'*Hôtel de la Poste*, sur la place. Il y aura de l'orage cette nuit ou demain matin. Les hirondelles volètent à ras de terre, effarées, poussant leurs petits cris si singuliers. C'est leur place Vendôme, cette place : quand elles ont pris le mot d'ordre à leur Etat-Major, elles s'éparpillent dans toutes les directions.

Le tonnerre gronde. L'air est lourd, étouffant. Nous quittons demain matin cet entonnoir.

— Bonsoir, messieurs !

XII

SYLVILOGIE ET CONCHYLIOLOGIE MÊLÉES

Vendredi 21 juillet.

Réveillés à quatre heures. Note payée : pas trop de sel.

Sur le seuil de l'*Hôtel de la Poste* nous trouvons l'inspecteur général et son arpenteur que nous saluons.

— Si cela vous agrée, messieurs, nous dit courtoisement l'inspecteur en congédiant son subordonné, je vous servirai de guide jusqu'à mi-chemin du Ballon. Seuls, à cette heure matinale, vous vous exposeriez à vous égarer...

Cette courtoisie nous touche, et bien que nous soyons résolus à nous égarer le plus possible, nous acceptons.

En cheminant à travers les passées de la montagne, — car nous dédaignons la route banale, — notre guide nous parle, non de l'impression que nous avons faite sur lui, mais de celle que nous avons produite sur les petites demoiselles à notre entrée dans leur auberge. On nous a pris pour des... saltimbanques !

— C'est dans notre destinée, monsieur, d'être perpétuellement pris pour ce que nous ne sommes pas. A la Bresse, l'aubergiste du *Soleil d'or* nous a avoué, après boire, qu'en nous voyant arriver, il nous avait pris pour des *maigniers*...

— Autrement dit : des marchands de parapluies?

— Juste ! mais cela ne nous a pas fâchés. Nous voyageons pour notre plaisir et non pour notre vanité.

D'escalade en escalade, de passée en passée, nous atteignons la forêt. Ici notre guide est dans son salon et il nous en fait les honneurs avec beaucoup de grâce. En moins d'une heure, et sans pédantisme aucun, il passe en revue les principales matières de sa compétence, — un cours d'agriculture forestière. Il lui échappe d'excellentes choses sur le recépage, — qui est l'orthopédie appliquée aux jeunes arbres rabougris, biscornus, boiteux ou bossus. D'excellentes choses aussi sur le repeuplement des forêts, car elles se dépeupleraient vite, si l'on n'y prenait garde, ayant une foule d'ennemis parmi les hommes et parmi les bêtes, — sans compter la Nature qui ôte souvent d'une main ce qu'elle a donné de l'autre.

L'homme n'a pas le respect de la forêt; pour lui, les arbres sont du bois à brûler — qui ne doit rien lui coûter. Aussi porte-t-il sans cesse préjudice au sol forestier et à ses produits en déplaçant ou en supprimant les poteaux, les bornes, les pieds-corniers, en enlevant les fougères et les bruyères, les brindilles des bouleaux et les glands des chênes, les faînes des hêtres et les châtaignes des châtaigniers, — l'humus naturel de la forêt et son paletot d'hiver.

Les végétaux eux-mêmes sont aussi impitoyables que les hommes, — toutes sortes d'herbes et de plantes qui, sous prétexte de faire commerce d'amitié avec les grands végétaux, les étouffent de leur mieux : le lierre, le chèvrefeuille, le genêt, la bruyère, l'airelle, le framboisier, le houx, etc.

Et les animaux donc! le sanglier, le cerf, le daim, le chevreuil, le lièvre, le lapin, l'écureuil, le mulot, — une légion de rongeurs pour qui tout est bon, les feuilles, les écorces, les jeunes pousses, les semences, les racines. Puis le coq de bruyère, le ramier, la gelinotte, le faisan, — une légion de picoreurs, qui ne se bornent pas à prendre les graines sur les arbres, dans le sol et dans les semis, mais vont jusqu'à s'approprier sans façon les bourgeons et les jeunes tiges.

Et les insectes, — les ennemis sérieux de la forêt! Ils s'attaquent à tout et dévorent tout, les feuilles et les fleurs, les graines et les fruits, les racines et les écorces! Il y a le psille, le rhynchêne, la chrysomèle, la gléruque, le scolyte, la pyrale, la noctuelle, le bombyx, les chenilles, les fourmis, et surtout — surtout! — le bostriche-typographe, le taret des Hollandes sylvestres.

Notre guide nous en apprend de belles sur le compte du bostriche! Quand ces Huns de cinq millimètres font invasion dans une forêt et qu'on n'est pas averti à temps de leur arrivée, la forêt est perdue. L'année dernière, six mille sapins géants des bois de Gérardmer sont tombés en un clin d'œil sous les coups de ces myrmidons invisibles. Six mille sapins! Cela fait rêver quand on songe à la taille microscopique de leurs destructeurs. Cela fait rêver — et frissonner, quand on songe au sort de la Hollande, sans cesse menacée d'une submersion complète par ces infiniment petits, infiniment plus redoutables que des ennemis infiniment plus gros!

Le bostriche! Impitoyable, cet insecticule, et encore plus ingénieux. Une femelle seule, en attaquant l'écorce et l'aubier, — l'épiderme et le derme des arbres, — serait noyée par la sève jaillissante : elles se réunissent alors vingt ou trente et entreprennent sans danger leur ponction mortelle, armées du trocart qu'elles doivent à la mère Nature. Si l'une d'elles succombe, par hasard, victime de son ardeur, il y en a vingt-neuf qui survivent et qui pondent. Et quelles pontes! Je ne sais plus quel Buffon a affirmé que si un seul insecte, bostriche ou hanneton, pouvait se reproduire sans obstacle, sa postérité deviendrait telle qu'en moins de dix ans l'univers entier cesserait d'être habitable... Ces savants sont terribles avec leurs calculs, — aussi terribles que les bostriches!

Heureusement ces invasions de Barbares sont rares et elles durent peu. Les bostriches sont venus sans être appelés : ils disparaissent sans être chassés, — soudainement et mystérieusement. Ils ont mangé vingt-cinq arpents de bois en quinze jours : cela suffit à leur gloire et à leur appétit!

En échange de son bostriche-typographe, je sers à notre guide le *Bernard-l'Ermite* que l'on voit sur les côtes de France et que j'ai vu à l'aquarium du Jardin d'acclimatation. Un particulier fort curieux, ce pagurien! Il naît sans test et comme cela le chiffonne, il avise un mollusque quelconque, le chasse de sa coquille et s'y insinue en son lieu et place, sans se préoccuper de ce que deviendra le pauvre dépossédé. Dans les premiers temps cela le gêne, cette guérite qu'il s'est collée au dos; il marche avec cela comme marcherait un tourlourou dans l'armure de François Ier. Puis il s'y fait — comme on se fait à tout. Il s'y fait si bien qu'il lui semble qu'il est né avec ce paletot calcaire, — aussi naïf en cela qu'un vaudevilliste qui aurait démarqué le linge d'un romancier et, après s'en être confectionné une douzaine de chemises de toile, affirmerait qu'elles lui viennent du trousseau de son aïeul. Malheureusement pour le vaudevilliste de mer, il a beau se trouver bien dans son test d'emprunt, au bout d'un an il est forcé d'en sortir et d'en chercher un autre d'un format plus grand, — ses droits d'auteur l'ayant arrondi outre mesure.

— Votre Bernard-l'Ermite vaut mon bostriche-typographe, et je vous remercie de me l'avoir fait connaître ! dit notre guide en souriant. Et, ajoute-t-il, pour vous en remercier plus efficacement, je vais vous faire entendre un des plus remarquables échos qui soient au monde.

— Plus remarquable que celui de Woodstock, qui répète le son vingt fois ?

— Plus remarquable que l'écho du château de Simonetta, près de Milan, qui répète le son quarante fois !

OU LA MYTHOLOGIQUE NYMPHE ÉCHO N'EST QUE DE LA SAINT-JEAN

Nous sommes à un fourchon de la route. Notre guide prend la branche de droite, une petite sente herbue cachée par un *ramier* dont les bûches saignent encore des blessures que leur a faites la cognée. Nous dévalons un peu, et, tout à coup, nous nous trouvons dans un jardin potager au bout duquel est une maison de garde.

Il est matin, les chiens aboient et montrent leurs crocs blancs très près de nos mollets. Je les exorcise avec le nom magique : ils rentrent au chenil en regrettant de n'avoir pas fait plus ample connaissance avec le muscle soléaire de mon péroné ou du tibia de Fantasio. Une femme rustique paraît à la fenêtre dans un appareil charmant — quand c'est un appareil de jolie femme ; en apercevant trois hommes, elle disparaît précipitamment, effarouchée, et, une minute après, la porte s'ouvre, un homme se montre et nous salue d'un :

— Faites excuse, monsieur l'inspecteur !

— Nous montons au *Plein du Canon*, apportez-moi une forte charge de poudre, lui dit notre guide sans paraître s'apercevoir de la confusion de son garde, pris en flagrant délit de paresse.

Nous traversons un jardin fleuriste annexé au potager, et nous gravissons un petit escalier gazonné qui nous conduit à une plate-forme d'où nous jouissons alors d'un spectacle inattendu.

A nos pieds, le cul-de-sac de la vallée de Presles, — un vallon de la largeur de la Seine, fermé de trois côtés par la montagne et la forêt. Au-dessus des panaches verts des sapins, le ciel bleu, souriant. A droite, à gauche, des bois. Un frêle treillage nous sépare de l'abîme. A quelque distance de nous, sur une échancrure du talus qui supporte le belvédère où nous sommes en ce moment, est un canon de fer, — une couleuvrine plutôt qu'un canon, mais une couleuvrine moins longue que le *pistolet de poche de la reine Elisabeth*. Je commence à comprendre l'aimable insistance de notre guide.

Le garde nous rejoint bientôt, un peu moins ému que tout à l'heure, mais un peu plus habillé :

je l'examine avec attention pendant qu'il prépare sa couleuvrine.

C'est un homme dans la force de l'âge, de petite taille mais vigoureux, d'une physionomie commune mais douce. Un ancien soldat, sans doute. Heureux d'avoir été épargné par les balles des Arabes et par le canon des Autrichiens, il est revenu au pays, où il a épousé une payse — après avoir obtenu une place de garde forestier. Pour une somme de cinq ou six cents francs par an, il consent à faire la plus dure besogne qui soit au monde, — à savoir d'être le gendarme de la forêt où rôdent tant d'ennemis. Quelque temps qu'il fasse, glace ou pluie, il faut qu'il aille jusqu'aux frontières de son tirage pour en garantir la tranquillité, et souvent il lui arrive de passer des nuits entières dans la neige, immobile au pied d'une cépée, pour surprendre des maraudeurs, des braconniers, des gens qui tuent quelquefois plutôt que de laisser verbaliser contre eux. Dévouement obscur de toutes les heures, sacrifice permanent de sa santé et de sa vie : voilà ce qu'on exige de lui et ce qu'il donne sans murmurer, — reconnaissant au contraire du morceau de pain qu'on lui fait gagner et qu'il gagne si honnêtement.

Dure besogne, mais poétique besogne qui doit séduire et récompenser ceux qui s'y livrent corps et âme. C'est comme le métier de pêcheur : rude métier, mais qu'un marin n'échangerait pas contre un autre plus beau. La mer a sa volupté, la forêt aussi ; toutes deux ont leurs caresses, si elles ont leurs emportements. Fenimore Cooper a constaté cette double séduction exercée sur des esprits grossiers par la forêt et par la mer : il a créé Bas-de-Cuir et Tom Coffin.

Ah! parmi les rêves qui ont traversé ma cervelle — que n'ont jamais troublée les fumées de l'ambition — il en est un auquel je regretterai en mourant de n'avoir pas donné suite. Vivre comme Nathaniel Bumppo, le courageux tueur de daims, le loyal et fidèle ami des Mohicans! Vivre libre, ignoré et ignorant, marchant de l'aube au crépuscule d'un bout à l'autre de la forêt, buvant de l'eau des sources et mangeant... Ah! voilà! pas de sel pour assaisonner mes venaisons!... Mauvaise affaire! Le chevreuil, c'est bon, mais il lui faut une sauce. Le faisan aussi...

— Quand monsieur l'inspecteur le désirera?... dit respectueusement le garde en étendant la mèche allumée au-dessus de la couleuvrine.

— Allez, répond notre guide.

Le garde forestier abaisse la mèche, une fumée sort, épaisse; puis, immédiatement, le bruit d'une vive canonnade se fait entendre. Ce n'est pas un coup de canon qui vient d'être tiré, c'est une centaine de coups de canon.

Nymphe Écho, ma chère, tu peux te fouiller!

PLUS LOURD QUE L'AIR, NOTRE BALLON!

Nous redescendons et nous prenons congé de notre guide en le remerciant. Il fait plus que nous rendre notre salut : il nous tend affectueusement la main et nous souhaite sincèrement un bon voyage.

Nous reprenons notre ascension à travers bois.

— Par ici, messieurs, s'il vous plaît, nous dit doucement le garde du *Plein du Canon*. M. l'inspecteur m'a ordonné de vous conduire à mi-chemin jusqu'à ce que vous soyez bien sûrs de ne pas vous tromper.

Un galant homme, cet inspecteur!

Nous suivons le garde, qui marche d'un bon pas. en homme familiarisé avec cette fatigue particulière qu'on éprouve dans les montagnes. Au bout d'environ trois quarts d'heure, nous nous arrêtons, d'abord pour souffler, ensuite pour renvoyer notre guide dont on peut avoir besoin en bas. Il insiste pour nous accompagner plus loin, c'est-à-dire plus haut, nous déclarant qu'il en a reçu la mission; nous insistons, nous, pour le congédier, lui déclarant que nous n'avons plus besoin de lui. Il s'incline, nous salue et s'apprête à nous quitter. Je l'arrête pour lui glisser dans la main un peu de monnaie blanche qu'il refuse poliment mais fermement. Je lui tends alors ma gourde, et, tout confus, et non sans s'être au préalable essuyé trois ou quatre fois la bouche d'un revers de sa manche, il boit un petit verre de kirsch à même la bouteille. Nous avons soif, nous buvons après lui : les honnêtes gens ont la bouche saine.

Pendant que le garde forestier redescend, nous continuons à monter. Combien de temps? Je ne sais pas; mais en arrivant au sommet du Ballon, à quatre mille pieds au-dessus de la place de la Bastille, nous tombons assis, plutôt que nous ne nous asseyons dans le chaume installé là pour la plus grande joie des excursionnistes. Jamais je ne me suis débarrassé avec autant de plaisir de mon sac, auquel, malgré ma bonne volonté, j'ai autant de peine à m'habituer que le Bernard-l'Ermite à son test d'occasion!

Ce chaume a trois compartiments d'affilée : la cuisine, en entrant; une seconde pièce où l'on couche et où l'on mange; une dernière pièce où l'on mange et où l'on couche. Il est neuf heures : nous déjeunons sommairement d'une tartine de pain bis blanc beurrée, arrosée d'un petit vin blanc capricant. Ainsi lestés, et après avoir commandé notre second déjeuner, nous escaladons le sommet extrême du Ballon d'Alsace, un désert tacheté çà et là, sur les pentes, de maquis de chênes nains, la seule végétation qui consente à se montrer sur ces hauteurs en compagnie des airelles.

Quand on entre à l'Opéra pour entendre le *Prophète* et qu'on vous sert à la place un ballet médiocre comme musique et comme danseuses, on regrette le prix de sa stalle ; mais quand on a payé vingt ou trente francs, aux Italiens, un strapontin pour entendre Adelina Patti et qu'on l'entend, on ne regrette pas son argent. Nous ne regrettons pas les fatigues de notre ascension de ce matin : le spectacle auquel nous assistons les vaut bien.

Jésus-Christ transporté par Satan au sommet d'une haute montagne ne devait pas voir plus de choses que nous n'en voyons en cet instant. A droite et à gauche, devant et derrière nous, des troupeaux de montagnes que le soleil éclaire bizarrement. Tout au fond, les glaciers des Alpes et les cimes neigeuses de l'Oberland. Entre chaque montagne, des vallées, noires les unes, vertes les autres. Il y a des amas de villes et de villages derrière cet amas de granits géants. Où qu'aillent nos yeux, ils rencontrent des croupes monstrueuses, — des échines de Titans foudroyés à mi-chemin de leur escalade du ciel.

— A mi-chemin? je suis bien bon ! Nous avons eu beau monter, la voûte bleue ne s'est pas plus rapprochée de nous. Nous superposerions une quarantaine de ballons comme celui-ci et nous pourrions atteindre au sommet du quarantième, que nous serions aussi peu avancés que nous le sommes aujourd'hui. Mais Théophile Gautier n'a-t-il pas dit quelque chose comme cela, ami Fantasio?

— Oui, ami Spark. Cela s'appelle *Montée sur le Brocken* et cela se trouve dans un livre illustré d'une gravure sur bois dessinée par Louis Boulanger, où l'on voit une femme nue qui ressemble à... présenter au Sphinx un jeune homme en manteau qui ressemble à Leconte-Delisle et qui n'est autre, cependant, que le poète de la *Comédie de la Mort*...

— Les vers! les vers!

— Voici les vers demandés :

« Lorsque l'on est monté jusqu'au nid des aiglons,
Et que l'on voit, sous soi, les plus fiers mamelons
Se fondre et s'effacer au flanc de la montagne,
Et, comme un lac, bleuir tout au fond la campagne,
On s'aperçoit enfin qu'on grimperait mille ans,
Tant que la chair tiendrait à vos talons sanglants,
Sans approcher du ciel, qui toujours se recule;
Et qu'on n'est, après tout, qu'un Titan ridicule.
On n'est plus dans le monde, on n'est plus dans les cieux,
Et des fantômes vains dansent devant vos yeux.
Le silence est profond ; la chanson de la terre
Ne vient pas jusqu'à vous, et la voix du tonnerre,
Qui roule sous vos pieds, semble le bâillement
Du Brocken, ennuyé de son désœuvrement... »

— Tonnerre à part, le portrait du Ballon est fidèle. Comme c'est commode que des poètes aient pris la peine de faire les descriptions que vous seriez si empêchés de faire vous-mêmes! On a une impression, on veut la rendre convenablement : crac! on ouvre un livre quelconque, et l'on a son affaire!... Je me demande pourquoi des écrivains aujourd'hui? Ils redisent forcément ce qui a été dit avant eux. Il ne devrait plus y avoir que des lecteurs...

— Tu parles bien comme un homme qui fera des livres toute sa vie!

— Malheureusement pour le public, oui!... Mais le temps se gâte... les nuages se font menaçants devant nous... ils nous cachent le fond de la vallée... Boum! un coup de tonnerre... Tchinn! Boum! Tchinn! On jurerait de l'orchestre d'un théâtre forain... Ah! comme c'est mesquin!

C'est mesquin, mais intéressant. Voilà la première fois de ma vie que je vois le tonnerre à mes pieds au lieu de le sentir au-dessus de ma tête. Très étrange! Nous assistons à une décharge de mousqueterie qui se passe dans notre cave. Le tonnerre a l'air d'un ours qui grognerait au fond d'une fosse. On se bat au-dessous de nous, et pour de bon! Franklin n'aurait rien à faire sur le Ballon d'Alsace, avec son paratonnerre.

La tempête devient sérieuse. Aux éclairs se mêle le vent, — un vent du diable, une trombe, un cyclone! Nous nous couchons à plat-ventre parmi les myrtilles, auxquels nous nous cramponnons comme à des cheveux, pour ne pas être enlevés. Si nous étions restés debout, au lieu de nous asseoir dans nos stalles végétales, nous étions soulevés comme des brins de paille et emportés dans les gouffres noirs où le tonnerre fait rage en cet instant. Par-dessus nos têtes passe rapidement quelque chose avec un bêlement qui s'éteint plus vite encore: quelque bête en train de pâturer sur la lande, sans doute. Un joli vent! Romulus ne dut pas choisir un autre temps pour disparaître.

Mais qu'est-ce qui vient là? la nuit?

— Où es-tu, Daudet? Je ne te vois plus?...

— Je suis là, à côté de toi... Le brouillard nous gagne...

— Il est joli, ton brouillard! à couper au couteau! C'est le digne frère du vent! Je leur fais mes compliments...

— Je grelotte... et toi?

— De même. Nous rôtissions tout à l'heure. Le pôle boréal et la zone torride! Une insolation et une congélation! Les extrêmes se touchent sur notre nez.

— Il faut tâcher de regagner le chaume, mon cher Spark. Le vent a cessé un peu, mais le brouillard redouble. Profitons de ce que nous n'avons pas encore tout à fait perdu le nord pour essayer de retrouver notre chemin.

— Essayons. D'ailleurs, ce cyclone m'a servi d'absinthe : quoi qu'on nous ait fait pour déjeuner, je le dévorerai les yeux fermés.

— Moi aussi. *Go ahead!*

Rejoindre le chaume par ces *ténèbres blanches?* Quelle folie! De l'endroit où nous sommes à celui où nous voulons être il y a la distance qui existe entre le télégraphe de Montmartre et l'avenue Trudaine, — avec les mêmes trous...

— Nous nous relevons et, nous tenant par la main, nous avançons avec précaution, à peu près sûrs de tourner le dos à la vallée qui a servi de tombeau au mouton ou à la chèvre de tout à l'heure. Il nous semble marcher dans de la fumée. Le Ballon ne sourcille pas, lui! Il est plus lourd que l'air, mon cher Nadar!

FANTASIO!... FANTASIO!...

Les gens du chaume nous croyaient perdus : ils

poussent des cris d'étonnement en nous revoyant. Des habitants de Giromagny, hommes et femmes. survenus là en notre absence, nous regardent comme des événements. Sans le vouloir nous sommes intéressants. Il y a une grosse dame, surtout, qui nous questionne beaucoup de l'œil, n'osant trop le faire de la bouche — à cause d'un petit homme rageur assis à côté d'elle.

Nous sommes trop affamés pour répondre à ces marques d'intérêt. On nous apporte une omelette, que nous engloutissons. On nous en apporte une seconde , plus forte, qui a le sort de la première. Puis vient un plat de kneefs, qui n'est pas respecté davantage. Ah ! ce cyclone ! ce cyclone ! Mais, est-ce bien un cyclone? Je n'ai pas là, sous la main, comme le chroniqueur Chose ou comme le courriériste Machin, un *Dictionnaire de la Conversation*, pour m'assurer que je ne me trompe pas. Mettons toujours cyclone : cela rend bien l'effroyable tourmente dont nous venons d'être témoins. A Paris, je rectifierai, — s'il y a lieu.

Le café est inconnu à cette hauteur : nous le remplaçons — mal — par un verre d'eau-de-vie de myrtille. Nos voisins de table, qui ont apporté des provisions de Giromagny, ont un déjeuner digne de notre appétit. La grosse dame parle bas au chef de la troupe, qui se lève à demi et nous prie fort gracieusement de partager leur « modeste » repas. « Modeste ! » Je les trouve modestes — et je refuse au nom de Daudet et au mien.

L'orage s'accroît, le brouillard se résout en pluie diluvienne. Nous demandons si nous pourrons coucher au chalet : on nous répond que tous les lits sont retenus par la *société* survenue pendant notre absence. Il y a quatre lits et ils sont cinq couples... Comment s'arrangeront-ils ? Au fait ! cela les regarde... Mais je trouve la grosse dame bien audacieuse d'insister ainsi du regard pour que nous insistions auprès de l'aubergiste. Coucher, ce n'est pas comme pour dîner : quand il n'y en a pas pour dix, il y en a encore bien moins pour douze. Je sais bien que... Mais non ! non ! nous irons plutôt coucher à Giromagny !...

— Ami Fantasio, si tu m'en crois, nous profiterons de l'embellie... Il ne pleut plus, mais il repleuvra, et nous serions bloqués ici à n'en pouvoir sortir avant demain.

— Eh bien ! nous n'en sortirions que demain. Nous sommes bien céans, restons-y.

— Nous serions *malséants*, cher Fantasio, en restant plus longtemps.

— Mais, mon ami, la grosse dame...

— Fantasio !

— Nous lui ferions de la peine, peut-être, en nous éloignant... Nous avons déjà refusé de partager son déjeuner... Peut-être sera-t-elle offensée si nous refusons de partager...

— Fantasio !... Fantasio !...

J'arrache violemment Fantasio à cette Capoue de contrebande, et nous sortons après force poignées de mains avec nos obligeants voisins. La grosse dame était très rouge : elle m'a lancé le regard du Parthe — qui a failli me clouer en place. Encore un aussi aigu, et je laissais Daudet s'en aller tout seul à Giromagny...

Bon chien du jardinier, va !

LA FAMILLE DE L'OGRE

Nous partons, nous sommes partis. Il y a une route qui conduit à Giromagny, celle que prend tout le monde : bien entendu nous ne la prenons pas, d'abord parce que c'est une route banale, ensuite parce qu'elle fait le tire-bouchon comme un labyrinthe. Nous préférons couper à travers bois.

Nous coupons vers la Fagnie du Ballon, en laissant à notre gauche le Puix, et, à notre droite, la forêt d'Ullise. Nous dégringolons beaucoup plus que nous ne descendons, le sentier choisi étant plutôt un ravin qu'autre chose et étant d'ordinaire plus suivi par les eaux que par les hommes. Cela provoque notre gaieté qu'augmente encore le souvenir des regards incandescents de la grosse dame de là-haut.

La pluie recommence, mais clémente : ce sont des coups de fouet que le ciel nous cingle au visage pour nous prier de nous hâter si nous ne voulons pas être trempés comme une soupe avant d'avoir notre soupe trempée. Nous rions au nez de la pluie, qui s'en venge en cinglant plus fort. Badaboum ! boum ! Fantasio est descendu trop vite : le voilà assis sur la tête. Je m'empresse de l'imiter — sans le vouloir. Nous nous relevons au bruit d'éclats de rire enfantins. Derrière nous, mais plus adroitement que nous, descend une troupe de petites fillettes déguenillées, pieds nus, cheveux au vent, conduites par une vieille femme maigre, déguenillée comme elles. Elles portent toutes dans leurs tabliers des monceaux de brimbelles récoltées sur le Ballon et destinées à faire de cette désagréable eau-de-vie à laquelle nous avons déjà goûté. Cela ressemble à la famille de l'Ogre du conte de Perrault : le petit Poucet, c'est nous.

Elles passent en nous décochant ces petits regards noirs si curieux et si hardis qu'ont les enfants, et nous ne les voyons plus que nous entendons encore leurs éclats de rire argentins. Plus loin, à un coude du sentier, nous apercevons leurs petites têtes blondes à travers les arbres, puis elles disparaissent de nouveau pour ne plus reparaître.

La pluie redouble d'intensité. Cette fois il n'y a pas à plaisanter avec elle. Tout à l'heure c'étaient des coups de fouet, maintenant ce sont des coups de bâton : c'est assommant ! Où nous réfugier ? Rester sous les arbres ? Et la nuit ?... Le plus prudent est encore d'être imprudents, de nous exposer à gagner un village au pas de course. Fantasio veut partager la couverture avec moi, mais je repousse cette combinaison qui ne nous préserverait qu'imparfaitement de la pluie et n'aurait d'autre avantage que de nous faire ressembler à Paul et à Virginie. Nos pantalons forment maillot, nos chapeaux forment gouttière : il nous sort de l'eau de partout et il nous en entre partout. Nous faisons concurrence aux tritons.

Des bois ! toujours des bois ! pas une maison ! En voici une, cependant ; mais c'est une scierie : partons pour la scierie ! Un molosse nous reçoit ; nous appelons pour être mieux reçus : personne ne répond, le molosse seul répète ses menaces. Nous nous éloignons à reculons, en faisant le moulinet et en jetant comme boulette le nom magique. La pluie tombe plus fort encore. Ah ! si la grosse dame nous voyait en ce moment, elle hésiterait à mêler sa flamme à notre eau — qui l'éteindrait infailliblement.

— C'est l'heure où nos amis sont réunis autour des tables du Café de Madrid... Comme ils se gaudiraient s'ils savaient quels fleuves nous sommes maintenant, n'est-ce pas, Fantasio?...

— Oui. Et comme Castagnary et Duchesne s'applaudiraient de plus en plus de ne pas nous avoir accompagnés!

Nous quittons les bois pour la vallée. La pluie, ayant alors plus de prise sur nous, en abuse et nous frappe de tous côtés à coups redoublés.

C'est ainsi que nous faisons notre entrée à Giromagny.

LION ROUGE — ANGE D'OR

Ce village n'est qu'une rue, comme tous les villages, et la seule auberge qu'il ait se trouve précisément à l'extrémité. Nous passons bravement sous le feu des regards ironiques des habitants, et nous entrons comme deux bombes chez Farouelle, au *Lion d'or*, en demandant une chambre et du feu.

M. Farouelle accourt, madame Farouelle accourt, la bonne de madame Farouelle accourt, les marmitons de M. Farouelle accourent, tout le monde accourt pour repousser l'inondation que nous apportons avec nous : mais nous sommes torrents et, renversant tous les obstacles, nous escaladons le premier étage et nous entrons dans la première chambre venue, en ce moment habitée par un jeune couple voyageur qui...

— Messieurs! messieurs! on n'entre pas ainsi chez les gens, que diable!

— Et que diable, monsieur! Nous sommes abominablement mouillés et fatigués! Nous avons onze heures de marche dans le ventre et six heures de pluie sur le dos !...

La porte du couple voyageur s'est refermée : M. Farouelle accouru nous en met immédiatement une autre à notre disposition avec un empressement louable.

Pendant qu'on apprête notre dîner, nous débouclons notre sac et nous changeons de linge et d'inexpressibles : une fois changés nous ne nous reconnaissons plus... Au besoin nous pourrions aller maintenant dans le monde, — un tout petit monde...

Il est sept heures : c'est l'heure du souper à Giromagny comme à Saint-Maurice, comme à Ventron, comme à Gérardmer, comme partout dans les Vosges. Le souper qu'on nous sert dans une chambre voisine, spéciale, est fort appétissant, ma foi ! Des écrevisses de ruisseau grosses comme des homards ! Des truites grosses comme des truies ! Des hors-d'œuvre à foison ! C'est très bien, cela, monsieur Farouelle !

Malheureusement nous n'avons pas faim, la soupe suffit à nous rassasier. Nous mangeons le reste des yeux, et, notre souper fini, nous nous installons devant la fenêtre, qui donne sur la place du village. Inutile de dire que la pluie ne tombe plus. Pourquoi tomberait-elle, puisque nous sommes à couvert ?

Tout en fumant, nous causons, — c'est-à-dire nous rêvons tout haut.

— Ah ! mon cher Spark ! si tu la voyais, yeux baissés et lèvres closes, tu t'écrierais : « Quel ange ! » et tu lui donnerais le bon Dieu sans confession ! Tu aurais tort. Il n'y a pas d'encre de la petite vertu aussi noire que l'âme de cette femme de grande vertu, que son mari vénère et que sa mère respecte! Elle me hait, sais-tu pourquoi? Parce que je l'ai adorée. Quand nous nous rencontrons dans le monde, elle n'a pas même l'air de me reconnaître, moi qui l'ai tant connue! Elle m'en veut aussi de son mari, parce que c'est de ma faute si elle l'a épousé. De ma faute! C'est toujours de notre faute, les fautes des autres!...

— Entre nous, cher Fantasio, il y a un peu de vrai là-dedans...

— Un peu de vrai? Ecoute alors!...

. . . .

— Ne trouves-tu pas, cher Fantasio, que les auberges de France abusent de la permission qu'on leur a accordée de n'avoir pas d'imagination? Voici encore un *Lion d'or!* Quand ce n'est pas un *Cheval blanc*, c'est un *Lion d'or*, et quand ce n'est pas un *Lion d'or*, c'est un *Cheval blanc:* ne pourrait-on varier? Il y a d'autres animaux!

— Ce n'est pas la faute des aubergistes, mon ami, c'est la faute des peintres d'enseignes, qui sont tous de la famille de celui dont parle Henri Heine en tête des *Mémoires de M. de Schnabelewopski:* « Compère, disait ce pinxit à un hôtelier, je vous conseille de ne pas me faire peindre un ange d'or sur votre enseigne, mais plutôt un lion rouge; j'y suis habitué, et vous verrez que si je vous peins un ange d'or, il aura tout de même l'air d'un lion rouge. » Lion rouge ou lion d'or, c'est tout un.

XIII

FAREWELL, FAROUELLE

Samedi 22 juillet.

Réveillés de bonne heure, mais partis seulement à sept heures. Le ciel est nettoyé et nous aussi. Nous traversons le marché en regardant effrontément tous ces paysans et toutes ces paysannes pour les empêcher de nous regarder de même.

— Constates-tu comme moi, cher Fantasio, le bon effet de cette méthode?

— Oui, surtout lorsque nous allons droit à eux, comme tu viens de le faire, pour leur demander notre chemin : ils allaient ouvrir tout grands leurs yeux pour nous regarder, ils sont forcés d'ouvrir toute grande la bouche pour nous répondre. La politesse fait taire leur curiosité.

— Il y a quelque chose de cela dans un chapitre de la vie d'Uylenspiegel, le Panurge flamand. Un jour, affamé, assoifé, il entre dans une chaumière. Une femme essayait de consoler son baby qui pleurait, assis sur sa chaise — inutilement percée. Uylenspiegel s'avance, pensif. — « Bonne femme, dit-il, je vais guérir ton enfant. — Ah ! Uylenspiegel !

si tu fais cela, je te donnerai tout ce que tu voudras, car il souffre bien le cher petiot : il pleure ainsi depuis hier. — Donne-moi seulement une pinte de bière et une miche de pain. » Pendant que la mère va dans le cellier, Uylenspiegel va vers le baby, l'enlève rapidement de sa chaise, jusque-là inutilement percée, s'y assied un instant. le temps nécessaire, puis y replace l'enfant qui, dans l'étonnement que lui a causé ce manége, en a oublié de pleurer. La mère, en rentrant, comprend qu'Uylenspiegel a fait cesser le charme dont souffrait le baby. « Merci ! bon Uylenspiegel ! » lui dit-elle avec effusion. Uylenspiegel boit d'un trait le verre d'uytzet, met dans son bissac le morceau de pain et le morceau de lard, et s'esquive au plus vite. Je n'ai pas besoin d'ajouter qu'après son départ l'enfant recommence à pleurer comme avant son entrée.

— C'est bien une farce flamande !

— Le mot de Cambronne à Waterloo joue un grand rôle dans la légende d'Uylenspiegel, et cet épisode n'est rien auprès des autres.

— Tu me raconteras les autres... plus tard.

Nous suivons pendant deux heures une route qui se déroule comme un serpent dans la plaine, laissant à notre gauche les Vosges, que nous ne sommes pas fâchés de quitter. Le pâté d'anguille est excellent, — mais toujours du pâté d'anguille, c'est écœurant. De même pour les montagnes... Giromagny aura été notre dernière étape vosgienne : nous allons de nouveau entrer en Alsace. Après le Bas-Rhin, le Haut-Rhin.

LE VILLAGE DE LA BELLE AU BOIS DORMANT

Voici un village, Gros-Magny. Nous cherchons un

cabaret sans en trouver un seul ; il faut que ce soit l'ex-adjoint de Gros-Magny lui-même qui nous en indique un, où il entre avec nous, lui pas fier. Nous déjeunons : bouteille de vin et fromage en boîte, — avec trop de mouches à la clef. La cabaretière — une grosse femme hydropique — est triste. Le cabaretier — un gros homme à bésicles — es jovial. Je ne sais pas pourquoi, mais la jovialité de l'un m'attriste, et la tristesse de l'autre m'égaye. Transposition d'air !

Après ce déjeuner économique, nous reprenons notre route, munis d'un itinéraire précis que nous a fourni l'ex-adjoint et que nous nous empressons naturellement de ne pas suivre. Il fait chaud, mais nous marchons toujours, emplissant d'air nos poumons et nos yeux de paysages charmants. Si quelqu'un s'avisait de nous demander pourquoi nous nous obstinons ainsi à marcher et à nous fatiguer, nous répondrions comme Kleift, promeneur intrépide : « Nos promenades ne sont pas de l'oisiveté, mais une chasse aux images. » Nos cartons cérébraux s'emplissent. Vers deux heures de l'après-midi nous entrons dans Fontaine, le plus adorable des villages, le plus propre, le plus coquet et le plus pittoresque. Des maisons rustiques qui ressemblent à ces chalets d'opéra-comique que la spéculation a semés autour du lac d'Enghien. Des arbres derrière, laissant apercevoir de temps en temps, par une échancrure, des lointains bleuâtres. Un silence profond sur tout cela. On dirait le village inhabité ou ses habitants endormis. Les chiens qui nous regardent passer ne font pas un mouvement, ne poussent pas un seul aboi : ils sont en train de faire des rêves couleur de lièvre ou de perdrix. Des troupeaux d'oies et de canards font la sieste dans la poussière, à l'ombre les uns, en plein soleil les autres. Les oiseaux eux-mêmes sont muets. Il y en a pourtant, — des hirondelles entre autres : nous en voyons les nids sous les poutrelles des toits. Bon signe pour ce joli village, et bonne note !

« L'artiste et l'hirondelle ont un égal mérite
C'est de porter bonheur au toit qui les abrite. »

dit Henri Delatouche, qui s'est presque rencontré ici avec Shakspeare :

...... This guest of summer,
The temple-haunting martlet, does approve,
Be his lov'd mansionry, that the heaven'sbreath
Smells wooingly here : no jutty, frieze,
Buttress, nor coigne of vantage; but this bird
Hath made his pendent bed, and procreant cradle :
Where they much breed and haunt, I have observ'd,
The air is delicate

dit Banquo à Duncan et à Malcolm. (La présence du martinet, cet hôte de l'été, ce familier des temples solitaires, annonce toujours des lieux caressés avec amour par l'haleine des cieux. Il n'est pas une frise, pas un seul angle où il ne suspende son nid et le berceau de ses petits. Partout où nichent les martinets, l'air est toujours pur, je l'ai remarqué...)

Ces rêves d'olives et de marrons que nous prêtons aux oies et aux canards nous donnent subitement soif et faim. Le fromage en boîte du Gros-Magny est loin. Nous entrons au hasard dans la première maison venue, certains d'y trouver tout le monde endormi, les marmitons sur leurs broches, les pages sur les escaliers, les demoiselles d'honneur n'importe où, et la Belle au bois dormant ailleurs. Cela se trouve être l'auberge du *Cheval blanc* (encore un cheval blanc !) et le café Procope des beaux esprits de Fontaine, le premier clerc du notaire, le neveu de l'adjoint, puis celui-ci, puis celui-là, — une demi-douzaine de gros bonnets qui nous regardent entrer dans la salle de l'air dédaigneux dont les tambours-majors regardent les simples tapins. Cela ne nous empêche pas de luncher, et notre lunch ne les empêche pas de causer des élections municipales à propos desquelles ils ne font pas l'effet de s'entendre. Ah ! les politiqueurs de village ! les politiqueurs de village ! Cela me rappelle les politiqueurs parisiens de Gavarni, qui sont plus amusants :

— Tenez, Mouillet, vous êtes un... Robespierre.
— Je ne vous en ai jamais servi !

— « Après ça, c'lui qui n'adoptera pas mes manières de sentir, j'y couperai la figure et j'y mangerai l'nez ! — De quoi ! des crudités ?... ça te ferait mal.

— « Dans le gouvernement de mon opinion, tu dois être minis' des finances ou n'importe, aussi bien comme moi, si tu en as les dispositions !

— « Tu n'es qu'un... m'lon. V'la mon opignon su' ton opignon !

— « Mais voyons, Limousin, avec un méchant budget d'une cinquantaine de millions, qu'est-ce que tu peux fiche ?...

LE CANAL SAINT-MARTIN... EN ALSACE

Nous quittons Fontaine, le village de la Belle au bois dormant — dont les notables habitants ne dorment pas assez. Il est trois heures.

Par ce soleil de juillet, nous serions heureux de

rencontrer plus fréquemment de l'eau. Nous ne demandons pas de la pluie, mais seulement des rivières. Ce matin, vers le village de Rouge-Goutte, nous avons entrevu la Savoureuse, — un ruisseau ; mais depuis; rien,

Voici des peupliers en bataille : cela annonce de l'eau. C'est en effet le canal du Rhône au Rhin, que nous descendons, ou plutôt que nous remontons, je crois.

— Remontons-nous ou descendons-nous, Fantasio?

— Je n'en sais rien, Spark.

Au fond, j'aime mieux cela. Rien n'est ennuyeux comme de savoir si l'on monte ou si l'on descend, si l'on se dirige vers le nord ou vers le sud. Du moment que l'on marche, on va quelque part : cela doit suffire — surtout aux gens qui ne sont pas plus exigeants que nous.

Ce canal du Rhin au Rhône, ou du Rhône au Rhin, est très pittoresque avec sa double rangée de hauts peupliers et son silence que trouble seul, de temps en temps, le bouillonnement d'une écluse dont on a levé la vanne. Il me rappelle le canal Saint-Martin du côté du quai Jemmapes, avant les *embellissements*. Par moments, je m'imagine que nous allons à la Bastille ou au Jardin des Plantes.

Quelle vie uniforme ils ont, ces éclusiers! Remplir un bassin pour vider l'autre, ou vider l'autre pour remplir l'un, afin de laisser passer les chalands chargés de briques ou de tonneaux, et ne jamais voir autre chose, tous les jours que Dieu fait, que de l'eau, des arbres et des bateaux, — la même eau, les mêmes arbres, les mêmes bateaux!... Chaque éclusier a sa maisonnette où il abrite ses amours et sa famille, sa femme et ses enfants, et qu'il ne quitte pas plus que le conducteur du chaland son habitacle.

Ce n'est pas encore là l'existence que je me serais rêvée !

A force de descendre, ou de monter, nous nous nous sentons fatigués. Nous nous arrêtons devant l'écluse n° 16, qui fait partie des villages de Wolffstorf et de Dannemarie. Une auberge nous tend les bras, l'auberge de *la Belle Vue* : entrons-y. Sa situation isolée, au bord même du canal, nous plaît ; nous préférons cette hôtellerie aux *quarante-cinq* auberges dont on nous a annoncé l'existence à Dannemarie, où se tiennent fréquemment des foires, à ce qu'il paraît. D'ailleurs, l'hôtesse est jeune et jolie...

Je ne regrette pas de n'être point à la Bastille.

Mais pourquoi ce grand gars nous regarde-t-il si farouchement? Parce que nous regardons notre hôtesse?... Ah !...

XIV

FATIGUE ET RELIGION MÊLÉES

Dimanche 23 juillet

Réveillés tard, à six heures. Nous avions prié notre hôtesse de nous réveiller à quatre, mais le grand gars qui nous regardait hier si farouchement... C'est égal, elle est bien jolie, notre hôtesse ! Des yeux noirs, profonds comme la nuit; des lèvres rouges, sensuelles; un teint mat, plus cire que chair, d'un grain délicat ; une taille... Ah ! c'est un morceau de roi que ce grand gars mange tous les soirs à son souper !

Nous quittons l'auberge de *la Belle Vue;* nous traversons Dannemarie avec la rapidité d'une flèche lancée d'une main sûre et nous prenons la grande route, comme de simples rouliers, laissant à notre gauche le chemin de fer auquel nous étions parvenus à échapper et qui nous a rattrapés.

Villages traversés au pas de course : Thalenberg, Hasenberg, Ballersdorff, etc. Déjeuner frugal à Altkirch, auberge du *Lion d'or* (encore !). Nous recommençons à entendre hacher de la paille comme au début de notre voyage. En passant, donné un souvenir à Hommaire de Hell, célèbre voyageur, né à Altkirch. Les voyageurs comme nous peuvent bien s'intéresser aux voyageurs comme lui.

Nous reprenons notre allure de zouaves pressés de prendre Malakoff. Nous traversons des villages qui ont l'air de n'être habités que par des enfants et par des chiens, — les hommes et les femmes étant à cette heure à la messe : Wittersdorff, Emlingen, Tagsdorff, Schwoben, Francken, Helfrantzkirch, Michelbach. Au milieu du silence de la campagne, il nous arrive de temps en temps aux oreilles des lambeaux de chants religieux, qui ressemblent tant — la Préface de la messe surtout — aux mélopées antiques qu'on chantait en s'accompaguant de la flûte. *Sursum corda !*

— L'Humanité fait la fière, comme s'il y avait de quoi ! Elle s'imagine avancer, et elle piétine toujours à la même place ! Nous nous croyons des hommes, nous ne sommes que des écureuils ! Qu'est-ce qu'il y a de changé dans le monde depuis six mille ans ? Nous avons les mêmes mœurs, si nous n'avons plus la même langue. Ces chants chrétiens ne sont pas autre chose que des chants païens, sinon pour les paroles du moins pour la musique. Le Paganisme règne toujours, s'il ne gouverne plus. Nous avons le pain bénit, les Anciens avaient leur offrande de pâte. Nous avons le bénitier, ils avaient leur fontaine. Nous avons la sacristie, ils avaient leurs *favissæ*. Nous avons l'hostie, ils avaient les *victimes*. Nous brûlons de l'encens, ils brûlaient de la verveine. Nous avons le goupillon, ils avaient l'*aspergillum*. Nous avons les burettes, ils avaient leurs patères. Nous avons les enfants de chœur, ils avaient leurs *camilli*. Nous avons nos séminaristes, ils avaient leurs quindécemvirs. Nous avons des prêtres, ils avaient des augures. Nous avons les Rogations, ils avaient des Ambarvales...

— Nous avons beaucoup d'autres choses encore qu'ils avaient, mon cher Spark, et cela n'a rien qui doive t'étonner. Quand deux ennemis de cette force, le Paganisme et le Christianisme, luttent ensemble, il est tout naturel qu'il reste aux mains du vainqueur quelques dépouilles du vaincu — et même un peu de ce que j'oserai appeler son odeur....

— Et le Paganisme sentait bon !

Il est midi, le soleil nous l'apprend sans ménagement. Et voilà au moins deux heures que nous ne rencontrons plus de villages sur cette route de Bâle qui monte et descend sans cesse. Ne rencontrant plus de villages, nous ne rencontrons plus d'habitants, — ce qui nous chiffonne, la soif et la fatigue nous talonnant.

— Ah ! voici un paysan ! nous courons à lui. Par hasard il entend un peu de français, assez pour nous indiquer à droite, dans un pli de terrain, à un kilomètre de là, un petit village où il prétend que nous trouverons à boire. Nous y courons comme des chiens à une mare.

OU LA LANGUE DE L'ABBÉ DE L'ÉPÉE EST PROUVÉE CHIMÉRIQUE

Il n'est permis qu'aux nids de se cacher ainsi sous la feuillée. Si l'on ne nous avait pas révélé l'existence de ce village, jamais nous ne l'aurions vu, même en grimpant sur les arbres comme nous l'avons fait tout à l'heure. Les toits des dix ou douze chaumières qui le composent ont tant de mousse, tant de joubarbes et de crassules en fleur, tant de panaches de graminées, que, de loin, ils se confondaient pour nous avec l'étoffe même du coteau.

Sur le seuil de ces chaumières, qui ressemblent à des huttes de sauvages, apparaissent effarouchées des têtes d'enfants morveux et de femmes déguenillées. Est-il bien possible que ces créatures-là appartiennent au sexe aux pieds duquel le père de M. Ernest Legouvé nous a ordonné — en vers — de tomber?... Quand une femme n'est ni jeune ni jolie, ni propre, ni gracieuse, ce n'est pas une femme, — c'est autre chose. Quoi? Je n'en sais rien, mais j'affirme que ce n'est pas une femme, — à ce point que si j'étais le seul homme de ce village... Mais il paraît que ces femelles trouvent leurs mâles.

Ces sauvagesses et leurs petits nous regardent passer avec une curiosité qui leur agrandit encore les yeux et la bouche. Ils sont horribles.

— *Essen? Trinken?* leur demandons-nous en essayant de hacher de la paille.

Ils ne nous comprennent pas. Nous ne comprendrions pas davantage un Allemand qui nous aborderait sur le boulevard Montmartre en nous disant : « Manger? Boire? » Nous serions capables d'ajouter : « Et dormir! » pour compléter la triade humaine, mais sans pour cela lui indiquer le moindre restaurant ou le plus petit cabaret.

Nous finissons par découvrir un endroit à bière — à son enseigne vivante et titubante, un brave Alsacien qui a voulu célébrer à sa façon le saint jour du dimanche. Nous entrons et nous répétons notre *essen-trinken*. Le cabaretier étonné, va chercher sa femme, qui va chercher un voisin, qui en ramène un autre, qui en raccroche un troisième. Le cabaret s'emplit et l'on fait cercle autour de nous, en nous regardant curieusement, effrontément.

— *Essen! trinken!* crie Fantasio, impatienté. *Wir wollen essen und trinken!* répéte-t-il en se rappelant tout à coup une phrase plus complète.

Ni le cabaretier, ni sa femme, et personne ne bouge : on nous regarde plus curieusement et plus effrontément que jamais.

De guerre lasse, aucun de ces sauvages ne comprenant pas plus notre allemand que notre français, nous nous décidons à leur parler la langue de l'abbé de l'Epée — perfectionnée par l'abbé Debureau.

— *Ei! Ei! Ia! Ia!* répondent-ils tous, comme des gens soulagés d'un grand poids.

Et tous, ensemble, se précipitent vers la porte. Nous restons seuls dans la salle.

— Admirable langue que la pantomime! n'est-ce pas, Fantasio?

— Oui, Spark; et l'abbé Sicard, un admirable philologue!

— L'abbé Paul Legrand aussi! Enfin, nous allons pouvoir manger et boire. Notre déjeunette d'Altkirch est loin!

Ici, rentrée de notre cabaretier, et de la cabaretière, et des voisins, avec quelqu'un de plus, — le piéton.

— Que désirent ces messieurs? nous demande cet homme d'un air important.

— Monsieur le facteur, nous crevons de soif et de faim, et nous ne serions pas fâchés de manger et de boire n'importe quoi.

Tous les regards font la chaîne entre nos lèvres et celles du piéton, d'où s'échappent des sons qui paraissent étranges — parce que étrangers. Le facteur traduit en alsacien ce que nous venons de lui dire, et l'on s'empresse de nous servir un morceau de jambon, du pain, du radis noir et une bouteille de vin, qu'on s'empresse également de nous regarder manger et boire. Il paraît qu'on ne mange pas en français de la même façon qu'en allemand...

Nous invitons le facteur à partager notre déjeuner : à notre grand étonnement il refuse. Un verre de vin ? Il refuse aussi. Un piéton ! Cela cache assurément quelque chose.

Ce brave homme, n'ayant pas le courage du lion, a la prudence du serpent, me dit Fantasio à l'oreille. A nos vêtements poudreux, il nous prend pour des vagabonds qui ne pourront pas payer leur dépense et que le garde champêtre arrêtera tout à l'heure. Fais des effets de poche, et tu vas voir !

J'atteins négligemment mon porte-monnaie que j'ouvre tout grand et dont je fais sonner bien haut les jaunets, en ayant l'air d'y chercher quelque chose : le piéton dit quelques mots au cabaretier — qui apporte aussitôt un troisième couvert.

A BALE! A BALE!

Nous regagnons la route et reprenons notre allure de zouaves. Mais ce n'est qu'un beau feu de paille, cet enthousiasme : nous nous modérons peu à peu, puis nous nous arrêtons une fois, deux fois, trois fois, pour nous reposer sur le talus de la route, Daudet d'un côté et moi de l'autre, — en chiens de faïence. Nous avons fait à peine huit lieues aujourd'hui, et nous sommes déjà fatigués. Je ne sais pas si son test d'emprunt pèse beaucoup au dos du Bernard-l'Ermite, mais mon sac m'écrase les épaules. Mauvais troupier, moi !

Nous avons dépassé les Trois-Maisons, Ranspach-

14

le-Bas, Ranspach-le-Haut : nous voici à Hésingen, — un adorable village comme Fontaine. Des maisons d'opéra-comique aussi. C'est propre, c'est coquet, c'est ombreux, c'est pittoresque comme tout. Les romans d'Auerbach et les poésies d'Hébel n'ont pas d'autres décors.

Malheureusement les habitants ne valent pas leurs maisons, les nids sont plus aimables que les oiseaux. Quoiqu'on sorte de vêpres, on nous regarde peu chrétiennement. Les femmes sourient, les hommes ricanent. Nos bâtons commencent à nous démanger les mains. Cela va se gâter !

Cependant, il faut nous arrêter ici, nous y reposer à l'ombre jusqu'au souper, y souper et y coucher. Je ne saurais aller plus loin, Daudet non plus. Nous sommes exténués par nos huit lieues comme si nous en avions fait vingt. Remettant notre rage au fourreau, nous prenons notre voix la plus douce pour dire :

— *Wir wollen trinken, essen, und schlafen.*

Mais je t'en souhaite ! on n'a pas plus l'air de savoir ce que nous disons que si nous parlions chinois. En revanche, les femmes continuent à sourire et les hommes à ricaner.

— Tas de... réalistes ! leur crie Fantasio. Au lieu de rire comme vos oies, vous feriez bien de nous indiquer la demeure de votre maire ou de votre pasteur ! Votre maire doit savoir le français, puisqu'il est maire d'une commune de France ; et votre pasteur doit savoir le latin, lui !...

La tirade de Fantasio ne produit pas le moindre effet sur ces villageois : ils n'ont pas plus compris l'injure que le reste.

— *Burgmeister? Pastor?...* Trichines que vous êtes !

J'ai réussi à me faire comprendre. Un paysan se détache du groupe et nous fait signe de le suivre. Nous le suivons jusqu'à une maison où il appelle à pleins poumons, sans entrer. Un gros homme apparaît de l'intérieur et s'avance majestueusement vers nous, qui le saluons avec respect en lui disant en français :

— Monsieur, nous sommes fatigués...

— Bien ! répond-il en souriant.

— Nous voudrions trouver un endroit ou nous reposer...

— Bien !

— Et souper...

— Bien !

— Et coucher...

— Bien !

Nous attendons, heureux d'avoir enfin rencontré des oreilles intelligentes. Le gros homme se retourne et disparaît dans sa maison, avec la majesté qu'il a mise à apparaître. Nous le rappelons à grands cris : il reparaît.

— Eh bien ! monsieur, et cette auberge, vous ne nous l'indiquez pas?...

— Non ! répond-il en souriant.

— Ah ! c'est trop fort !

Et m'élançant aussitôt au milieu de la route encombrée de curieux, je me mets à improviser une danse ioway, quelque chose de truculent et d'affreusement bouffon, en criant avec un sourd rugissement :

— A Bâle ! A Bâle ! A Bâle !

Il n'y a que des gens fatigués comme nous pour avoir le courage de faire encore six à sept lieues. Mais nous les ferons, sur la tête ou sur les pieds, plutôt que nous obstiner plus longtemps à demander l'hospitalité à ces stupides hacheurs de paille.

Nous marchons comme le vent, — puis comme deux tortues. En avant les chansons de pays! Et pif! et paf! nous ne ressentons plus rien qu'une envie furieuse de marcher, de marcher encore, de marcher toujours. C'est notre fifre, ces chansons!

« Derrièr' chez nous il y a-t-un bois,
Pingui, pingo, pingo les noix;
Deux lièvres sont dedans le bois,
Bibelin, bibelo, popo la guenago,
Pingui, pingo,
Pingo la guenago, pingo les noix!

« Pour les chasser m'en fus au bois,
Pingui, pingo, pingo les noix;
Ils sont partis en tapinois,
Bibelin, bibelo, popo la guenago...

« Ne courez jamais dans les bois,
Pingui, pingo, pingo les noix,
Après deux lièvres à la fois.
Bibelin, bibelo, popo la guenago... »

On ne se doute pas du ressort qu'il y a dans ce *popo la guenago!*

LE BŒUF-NOIR DE BALE

Nous entrons dans la ville du fameux Concile à sept heures, avec la pluie, et horriblement fatigués. Mais ni la pluie, ni la fatigue ne nous empêchent de rire de la mélancolie avec laquelle le douanier constate qu'il n'y a rien de soumis aux droits dans nos bagages. Ni la pluie ni la fatigue n'empêchent Fantasio d'admirer les théories de grosses filles trapues, mafflues, rougeaudes, lourdaudes, que nous rencontrons allant par les chemins se tenant toutes par le doigt et endimanchées dans leur costume national ainsi décrit dans les *Poésies allemaniques* :

« .... D'abord ces bas à coins, puis ces souliers,
Puis ce corsage vert d'où tombent par milliers
Ces plis de ruban noir sur lesquels va s'étendre
Ce plastron de velours bordé de rouge tendre,
Puis............ ces beaux cheveux blonds.
Leurs nattes, dont le bout leur pend sur les talons.
Ce bonnet bleu-de-ciel... avec ces fleurs d'or...
Puis vient, pour compléter ce costume opulent,
Ce tablier, avec ce mouchoir de Milan. »

Fantasio les trouve superbes, attifées de la sorte, avec leur chair à la Rubens débordant de leurs souliers, de leur corsage, et partout. Moi je trouve que si elles s'habillaient en tourlourous, ou si les tourlourous s'habillaient en Suissesses, ce serait exactement la même chose. Peut-être sont-ce des soldats déguisés ?

Je ne sais plus quel écrivain français a parlé de la physionomie triste de Bâle, de l'impression de solitude qu'elle vous laisse : quel qu'il soit, il a eu raison. Jugurtha, quittant Rome, s'écriait : « Ville à vendre ! » En voyant quel désert est Bâle, on serait tenté de dire : « Ville à louer. » Et nous sommes aujourd'hui dimanche ! Qu'est-ce donc dans la semaine ! Je vois bien Bâle ; mais où sont les Bâlois ?

Nous sommes entrés dans la ville du fameux Concile de 1431-1447 par la porte Saint-Pierre, *Steinen Thor*, qui ressemble à une sorte de pâtisserie montée : on en mangerait ! *Espions* aux fenêtres, comme à Bruxelles. Fiacres-coucous peints avec des couleurs violentes, comme à Bruxelles. *Mains-courantes* le long des murs, comme à Bruxelles. Ah çà ! sommes-nous à Bruxelles ou à Bâle ? Nous sommes à Bâle, — l'auvergnat que nous entendons résonner de toutes parts à nos oreilles nous le prouve. Mais si les hommes et les femmes parlent allemand, les chiens aboient en français, les enfants pleurent en français, l'horloge de la pâtisserie montée sonne en français — en se trompant d'une heure, au dire de Montaigne, qui a peut-être confondu avec l'horloge de Schlestadt.

La pluie redoublant, nous nous réfugions au *Bœuf noir*, dans Missionsstrasse. En même temps que nous, mais derrière nous, entre un joueur d'orgue, comme nous vêtu de velours épinglé et coiffé d'un feutre mou. Le cabaretier est une jolie petite fillette de seize ans, grave comme une matrone, à qui je me crois obligé d'adresser la parole en allemand :

— *Essen, trinken, und schlafen ?*

— Vous voulez souper et coucher ? me répondit-elle en fronçant ses jolis sourcils et en désignant du regard le Bernard-l'Ermite piémontais, vous êtes trois ?...

Pour des oreilles aussi habituées que les nôtres aux mille nuances d'un son, ce « vous êtes trois ? » signifie clairement : « Hum ! hum ! trois joueurs d'orgue ! trois vagabonds ! Cela ne m'inspire qu'une médiocre confiance !... Je ne vous donnerai ni à souper ni à coucher... » Nous nous empressons de répudier le Piémontais et sa musique, et la jeune matrone, presque rassurée, nous promet un gîte.

SECONDE ÉDITION DU CAPITAINE BAVAROIS

Mauvais souper. La fatigue nous empêche de manger. Nous avons quatorze ou quinze lieues dans le ventre, — mais nous n'y avons que cela. C'est insuffisant.

Heureusement, comme distraction, nous avons le spectacle de la rue par l'une des fenêtres de l'auberge : nous nous le payons en fumant de mauvais cigares achetés dans Missionsstrasse. Devant nous, une fontaine, ou, pour parler plus exactement, un puits charmant — où viennent puiser de l'eau et caqueter comme des pies une foule de corsages verts à plastrons de velours noir, auxquels se mêlent quelques bretelles masculines. On se prend les mains fort tendrement à notre nez et à notre barbe, et nous sommes réduits à nous nourrir le cœur comme nous nous sommes nourri l'estomac, à avoir dans la même soirée.

« Et l'odeur du festin et l'ombre de l'amour. »

C'est insuffisant aussi.

Les fontaines jouent un grand rôle dans la vie des jeunes Allemandes, comme les puits jadis dans la vie des jeunes Juives. Jacob, réfugié en Mésopotamie chez son oncle Laban, se lie d'amour avec sa cousine au bord d'un puits. N'est-ce pas auprès d'une fontaine que Faust aperçoit Gretchen pour la première fois ? Quels caquets elles échangent, toutes ces grosses filles ! Quels rires sonores et bien portants ! Nos longues barbes et nos longues moustaches nous en attirent une bonne part, nous sommes fusillés à bout portant par une décharge de moqueries, qui, au lieu de nous fâcher, nous mettent en gaieté. Cela me rappelle, et je la rappelle à Daudet, la chanson du *Capitaine Bavarois*, que j'ai publiée l'année dernière.

Le Capitaine Bavarois passe chaque jour sur la place où se trouve la fontaine à laquelle les plus jolies filles de la localité viennent puiser de l'eau, et chaque jour, en passant, il entend bruire à ses oreilles les murmures les plus flatteurs — mais aussi les plus importuns. « Qu'elles sont longues, épaisses, blondes et belles, les moustaches du capitaine ! » soupirent en chœur les voix des jeunes filles. Le Capitaine Bavarois fait couper ses belles moustaches, afin de n'en plus entendre parler, et, le lendemain de ce sacrifice, il repasse devant la fontaine, d'où partent alors, en chœur, de nouvelles exclamations : « Qu'ils sont longs, épais, soyeux, blonds et beaux, les cheveux du capitaine ! » Le Capitaine Bavarois, quoique à regret, envoie ses cheveux rejoindre ses moustaches, et, bien sûr désormais de n'être pas agacé par les piqûres de ces jolis taons, il repasse tranquillement sur la place, devant la fontaine. Mais on n'arrête ni les battants de cloche ni les langues de femmes une fois mis en branche : « Qu'il est grand, droit et beau, le nez du capitaine ! » soupirent les jeunes lavandières. Le Capitaine Bavarois, ne pouvant se faire couper le nez comme il s'est fait couper les cheveux et les moustaches, ce qui serait héroïque, prend un parti plus héroïque, encore : il épouse une des jeunes filles du chœur, laisse repousser ses moustaches et ses cheveux, et continue à passer sur la place, devant la fontaine où les lavandières continuent à venir puiser de l'eau. Peut-être au fond ne serait-il pas fâché d'entendre bourdonner à ses oreilles, comme auparavant, l'admiration qui l'importunait ; mais aucune des jeunes filles ne s'extasie plus ni sur la beauté de ses moustaches, ni sur la beauté de ses cheveux, ni sur la beauté de son nez : leur enthousiasme est mort — avec l'espérance d'épouser le beau Capitaine Bavarois.

J'ignore ce que ces grosses Bâloises pensent de nos moustaches, de nos cheveux, de nos barbes et de nos nez, mais je sais bien que je ne me ferais absolument rien couper pour elles. Fantasio, moins dégoûté que moi en sa qualité de myope, les déclare ravissantes et il regrette amèrement de ne savoir pas parler l'allemand — parce qu'il leur apprendrait le parisien. Cela l'émeut à ce point même qu'il enjambe la fenêtre et que le voilà dans la rue, près du puits d'où il fait envoler les grosses Bâloises qui y caquetaient tout à l'heure, comme des pies, à notre préjudice. Si nous n'étions pas fourbus, je crois qu'il me proposerait une promenade à travers la ville du fameux Concile.

— A propos, cher Fantasio, que ferons-nous demain ? Car tu as lu Henri Delatouche et tu sais

« Qu'un jour pour qu'il soit beau doit commencer la veille. »

Nous avons une foule de curiosités à ne pas voir... D'abord, le Münster, une cathédrale qui était byzantine du temps de l'empereur Henri IV, et qui est devenue gothique du temps d'Érasme. On nous a recommandé le portail et ses vierges folles... Puis, le Kunstsammlung où sont les cartons de Cornélius et les tableaux d'Holbein, très remarquables, assurent...

— Les gens qui ne les ont pas vus. Castagnary m'a assuré que les cartons de Chenavard, exposés au Panthéon en 1848, valaient ceux de tous les Cornélius de la terre. Quant aux Holbein, il prétend qu'ils ont tous été peints par Leys — 300 ans avant sa naissance.

— Ainsi, voilà qui est convenu ; nous ne verrons ni le Munster ni le Musée, ni le portail de Saint-Gall, ni les tableaux des deux Holbein, ni les dessins d'Albert Durer, ni le tombeau d'Erasme, ni...

—N, i, ni, c'est fini. Allons nous coucher, Spark !

XV

LAVANDIÈRES BALOISES ET BLANCHISSEUSES PARISIENNES

Lundi 24 juillet.

Nous faisons la grasse matinée, d'abord pour nous reposer, ensuite pour réfléchir un peu à l'itinéraire que nous allons adopter. L'imprévu, c'est bien ; mais il ne faut pas que, sous prétexte d'imprévu, nous nous exposions à retourner sur nos pas... Nous voilà en Suisse : y resterons-nous ? Visiterons-nous ses lacs et ses glaciers ?

La Suisse ! mon rêve de jeunesse ! Voir la Suisse et mourir ! Oui, je disais cela — il y a longtemps. Les rêves ne se réalisent jamais à propos, quand ils se réalisent : les bonheurs arrivent toujours trop tard... De tous mes rêves de vingt ans, je n'en connais pas un, des plus ardents et des plus glorieux, que je consentisse aujourd'hui à payer le prix dont je n'aurais pas hésité autrefois à l'acheter. A quoi bon ? Ce qui m'eût inondé d'aise alors ne me causerait à présent qu'un médiocre plaisir. Je ne crache pas sur le bonheur, mais je ne m'exposerais pas à me casser le cou ou à me faire casser les reins pour l'obtenir. Ce n'est pas lâcheté, c'est indifférence. Les ressorts du désir sont brisés en moi pour avoir été trop violemment et trop fréquemment tendus.

Et pourtant, quand j'y songe, quels battements de cœur j'avais lorsqu'on parlait devant moi de la Suisse ! Je tyrilisais au nom seul de la Jung-Frau ! Ah ! que volontiers j'eusse donné un bras ou une jambe — au retour — pour faire ce beau voyage ! pour visiter les Alpes et le Tyrol ! pour gravir le Mont-Blanc et le Mont-Rose, l'Ortler et le Fischera-arhorn ! pour me baigner dans le lac de Thoüne et dans le lac de Genève, dans le lac de Zurich et dans le lac de Lucerne ! Tandis qu'aujourd'hui tout cela me laisse froid. Si le hasard de notre caprice nous pousse vers la région des neiges éternelles, je m'en réjouirai certainement ; mais si notre caprice nous pousse ailleurs, je n'en pleurerai pas. Tout ce que j'ai vu jusqu'ici, depuis Strasbourg, m'a ravi les yeux et égayé l'esprit : tout ce que je suis destiné à voir jusqu'au pont de Kehl me ravira pareillement, j'en suis certain. Donc, au hasard !...

Nous avons demandé du lait pour nous laver, on ne nous l'apporte pas. Cette demande a eu l'air d'étonner et même de choquer notre jeune hôtesse, qui en croit les vaches suisses déshonorées. En attendant qu'on nous l'apporte, je m'installe à la fenêtre de notre chambre, et, tout en fumant, je regarde ce qui se passe dans la rue des Missions.

Le puits est plus entouré encore qu'il ne l'était hier, on y babille avec plus de vivacité encore. Aux grosses Bâloises qui viennent y puiser de l'eau dans des seaux peints en vert extérieurement et en rouge intérieurement, sont mêlées d'autres grosses Bâloises qui y lavent leur linge. Ah ! ces lavandières mastoques n'ont aucun rapport, mais aucun, avec nos petites blanchisseuses parisiennes! Plus honnêtes sans doute, mais moins séduisantes. Elles sont rêveuses comme tout, sans que cela paraisse, ces grosses lavandières bâloises qui font de si bonnes ménagères!

Ah! nos petites blanchisseuses,
Avec leur petit bonnichon,
Ce ne sont pas des rêvasseuses
Qui *se montent le bourrichon!*

Elles comptent mieux que Barême
Et savent le prix de l'argent.
A Chérubin disant: « Je t'aime! »
Elles préfèrent le *Régent*.

Ce n'est pas moi qui les en blâme...
Il faut bien vivre, n'est-ce pas?
L'amour, cette manne de l'âme,
Vaut-il le bœuf comme repas?...

Passe encor dans un vaudeville
Où tout est faux, le sentiment
Et les décors! Mais à la ville
Cela manquerait d'agrément.

Que si cependant on veut mordre
Au fruit où d'autres ont mordu,
On le peut; mais (voyez quel ordre!),
« Linge et bonheur, c'est tant de dû. »

COSTUME DE GUEUX, PLAISIR DE PRINCES

On ne nous apporte pas notre lait : nous nous en passons et nous envoyons chercher un de ces grotesques fiacres-coucous que nous avons aperçus hier en entrant dans Bâle. Nous avions résolu de ne jamais prendre de voiture; mais cette fois, exceptionnellement, par fantaisie, nous en prenons une pour traverser la ville — qui tiendrait tout entière dans la place Saint-Pierre à Montmartre. Comme le cocher de ce fiacre antédiluvien, peint en jaune violent, ne sait pas un mot de français, nous prions notre jeune hôtesse de lui dire en allemand que nous voulons aller à l'extrémité de Bâle.

Le fiacre part — et il est aussitôt arrivé. Il a mis cinq minutes pour aller du *Bœuf noir* au Rhin, et nous avons eu le temps de mettre nos lettres à la poste dans Freienstrasse, de monter un instant sur la Terrasse aux marronniers (*Die Pfalz*) d'où l'on jouit d'une si belle vue, et de saluer la maison d'Érasme (*Zum Luft*) où Groben imprima une des premières bibles allemandes. Nous descendons à l'extrémité du pont qui relie le Grand-Bâle au Petit-Bâle, devant un café dont la Terrasse donne sur le Rhin, la *Neues Gesellschaftshaus*, tenue par mein herr Madorin. C'est le café Véron de Bâle : on n'y reçoit que la meilleure société — celle qui dépense le plus d'argent.

Nous faisons signe à notre cocher de stationner là et d'encombrer le pont, et nous nous installons à une table, sous le velarium de mein herr Madorin, dont les garçons nous regardent effarés. Les passants ne le sont pas moins que les garçons. Mais nous n'avons pas l'air de nous apercevoir de l'effet que nous produisons et nous nous faisons servir — par gestes — un déjeuner riche que nous essayons de trouver exquis. Quelque hauteur qu'atteigne la note, elle ne saurait atteindre à l'altitude de notre contentement. Nous avons trois ou quatre plaisirs superposés : 1° Nous mangeons, ayant faim ; 2° nous regardons couler le Rhin, superbe ; 3° nous sommes regardés mangeant par de bons gros Bâlois aux boutons d'acier ; 4° des touristes anglais, installés depuis un instant à deux pas de nous, ont l'air d'être offensés de notre voisinage.

— Allons-nous en Suisse ? me demanda Fantasio.

— Non, il y a trop d'Anglais ; au lieu de remonter le Rhin jusqu'à Schaffouse, descendons-le jusqu'à Mayence.

— Accepté ! Garçon, la note !

Le garçon n'entend pas, mais il devine :

— *Rechnung?* dit-il.

— *Ia.*

Et il nous apporte l'addition : cinq florins et quelques pfennigs. C'est pour rien.

Serviteurs, mein herr Madorin !

COMMENT L'ON DEVIENT CHAUVIN

Nous avons congédié notre fiacre jaune, et nous voilà descendant le Rhin de notre pied léger. Il est midi.

Le Rhin, le vieux père Rhin, qu'Henri Heine a appelé le *Brutus des fleuves*, ne se laisse pas approcher facilement. Malgré notre envie de le serrer de près, nous ne pouvons le serrer que de loin.

Traversé la Wiese, une petite rivière chantée par Hebel. Nous sortons de Suisse et nous entrons dans le grand-duché de Bade, sans nous en douter. Au delà d'Eimeldingen, nous traversons des prés immenses fécondés par le Rhin. — une plaine Hymète où nous marchons escortés par des escadrons volants d'abeilles. Ces « chastes buveuses de rosée » nous en veulent de les troubler. A moi, je le comprends; mais à Daudet, un poète ! Ces abeilles n'ont pas de nez.

Les montagnes, c'est fatigant ; les plaines, c'est monotone. Ce que nous avons gagné à ce changement, c'est de rencontrer dans les champs et sur les routes des théories de paysannes qui ont l'air de sortir de la Bible qu'illustre en ce moment Bida. Qui a donc parlé des « blondes Allemandes » ! Les Allemandes de salon, peut-être ; mais les Allemandes rustiques, hâlées par les bises et par les soleils, sont brunes comme des Italiennes.

Ce qui ajoute à leur ressemblance avec les belles filles du pays où fleurit l'oranger, c'est leur costume, d'une simplicité et d'un pittoresque rares. Cotillon brun, très court, laissant à découvert des jambes en cuir de taupe. Corsage brun aussi, laissant sortir deux manches de chemise d'un blanc éclatant qui font ressortir encore la couleur culottée des bras, nus jusqu'au coude. Sur la tête, le *nastucher*, ou mouchoir de laine rouge, qui flotte négligemment sur les épaules. Avec cela une démarche lente, grave, rhythmée, le poing sur la hanche. Elles sont superbes ! et à plus d'une je dirais volontiers, si j'étais sûr d'être compris : *Ich liebe sie!*

Compris ? dans ce pays des *Ia?* quelle prétention ! Car nous obtenons en Allemagne le succès que nous avons obtenu en France, — un succès de rire. Dès que deux ou trois polissons déguenillés, jouant aux abords d'un village, nous ont aperçus, ils s'envolent à tire de jambe et vont sonner le tocsin de la curiosité ; de sorte que, lorsque nous passons dans le village, tout le monde est aux aguets pour nous saluer d'un regard curieux, ceux-ci sur le seuil de leur chaumière, celles-là dans l'entre-bâillement de leurs volets.

Les animaux eux-mêmes se laissent gagner par cette contagion de la curiosité. Les oies et les canards se rangent en bataille devant les maisons, allongeant comiquement leurs longs cous, et nous envoient à bout portant une décharge de *couacs!*

couacs! ironiques qui nous donnent de furieuses démangeaisons de les assaisonner, les uns aux marrons et les autres aux navets. Jusqu'à un petit veau de six semaines, gauche, informe, mal jambé, comme fabriqué à coups de serpe, qui, buvant à la fontaine, s'est interrompu tout à coup en nous apercevant et a tourné curieusement la tête de notre côté d'un air qui signifiait clairement, dans son langage vituléen : « Sont-ils fagotés! sont-ils couverts de poussière! ont-ils les cheveux longs et la barbe rouge! Oh! la la!... »

Ah! nous pouvons nous vanter d'impressionner fortement les populations! Notre passage en Alsace et en Allemagne fera époque. Il y a eu le *vin de la Comète* : il y aura le *vin des deux étrangers aux pieds poudreux*. Nous aurons — sans le vouloir, mon Dieu! — traversé le rêve de bien des jeunes filles et de bien des jeunes femmes. Mais, comme nous franchissons les monts et les plaines au pas de course, on ne se rappellera pas exactement nos physionomies, on les confondra, et, dans quelques vingt ans d'ici, on rencontrera dans le Haut-Rhin ou dans le grand-duché de Bade, poussant la charrue ou menant paître les oies, de grands gaillards moustachus, barbus et chevelus, mais présentant cette particularité de cheveux rouges avec une barbe noire...

Après Eimeldingen, Kirchen; après Kirchen, Effringen, dont les rochers, qui bordent le Rhin, produisent un vin auquel nous avons déjà eu plusieurs occasions de goûter. Vin blanc, assez bon, mais qui altère.

A notre droite nous laissons la route de Bâle à Freiburg et le chemin de fer de Bâle à Carlsruhe.

Parfois nous nous en éloignons et parfois nous sommes forcés de nous en rapprocher par les zigzags du chemin des écoliers suivi par nous.

Après Effringen, Istein, puis Huttingen, puis Kleinkems, puis Blansingen, et enfin Rheinweiler, où nous nous arrêtons. Il est six heures du soir.

Rheinweiler est un petit village tranquille placé sur le bord même du fleuve, sur une hauteur. Le vin d'Effringen et le soleil nous ayant altérés, et la marche nous ayant fatigués, nous entrons dans le seul gasthof qu'il y ait là, résolus à y boire, à y souper et à y coucher, — coûte que coûte.

L'hôte de ce gasthof, carré des épaules, ne sait pas un mot de français, et nous avons grand'peine à nous faire comprendre de lui. Nous lui demandons de la bière pour nous désaltérer : il nous apporte deux chopes de ce diabolique petit vin blanc qui nous altère davantage chaque fois que nous en buvons. Sa femme heureusement survient : elle sait quelques lambeaux de la langue de Commerson et de Bossuet, et nous répond que nous aurons à souper, mais non à coucher. Désappointement ! J'ai la bonne idée d'ouvrir mon porte-monnaie où abondent les *jaunets*, dont la musique allume sa bienveillance : elle nous promet deux lits...

Pendant que nous soupons dans une salle qui donne sur le Rhin, entrent deux voyageurs, — un petit, en redingote, juif allemand, — un grand, en blouse blanche, déserteur français, originaire du Bas-Rhin. Le déserteur s'informe en allemand de ce que nous sommes, et l'hôtesse lui répond presque en français que nous sommes des artistes *riches*. Il vient à notre table et entame la conversation en nous avouant tranquillement ce qu'il est, lui, et,

15

dans notre joie de rencontrer un compatriote, nous lui offrons une bouteille de *Markgræfler*, le meilleur vin du grand-duché de Bade, récolté à quelques lieues de là, à Mülheim, et qui ne vaut pas notre Sauterne, il s'en faut. Notre hôte en a sa part, et, pour nous remercier à sa façon, il se met au piano (il y a un piano dans ce cabaret!) et nous joue du Mozart et du Beethoven en veux-tu en voilà. Nous applaudissons, charmés d'entendre de la belle musique en faisant notre digestion, à cette heure toujours solennelle où descend la nuit.

L'hôte va quitter le piano : le déserteur en blouse blanche lui dit quelques mots en allemand, et après avoir hésité, par pudeur, durant une minute, il joue et chante les admirables injures de l'Allemagne à la France, mises en musique par Kücken. Quand on connaît l'air, on devine les paroles. Nous frémissons, Daudet et moi, indignés, — d'autant plus indignés que le petit juif allemand ricane et que le déserteur applaudit. — « Au piano, Daudet! au piano! lui dis-je. Répondons-leur par le *Rhin* de Musset, avec la musique de Delioux, aussi vaillante que les paroles!... »

Daudet s'est élancé; ses doigts, émus comme son cœur, font résonner fiévreusement les touches d'ivoire, et, d'une voix que notre colère rend fausse nous entonnons :

« Nous l'avons eu, votre Rhin allemand!
Son sein porte une plaie ouverte,
Du jour où Condé triomphant
A déchiré sa robe verte.
Où le père a passé passera bien l'enfant!...

« S'il est à vous, votre Rhin allemand,
Lavez-y donc votre livrée;

Mais parlez-en moins fièrement.
Combien, au jour de la curée,
Étiez-vous de corbeaux contre l'aigle expirant ?... »

— « Et maintenant, vous, traduisez-leur cela !... » dis-je, farouche, au déserteur français qui avait cessé d'applaudir, en lui montrant l'hôte et le juif allemand qui avaient cessé de rire.

Puis, leur tournant le dos, Daudet et moi nous contemplons silencieusement le Rhin, qui roule ses eaux vertes avec un grondement sourd dans lequel il y a une menace, et nous cherchons à distinguer, sur l'autre bord, en avant de la forêt de la Harth, les cabanes des gardes-côtes qui, pour nous, représentent la France. Ah ! chère terre de nos héroïques aïeux, c'est quand on t'a quittée qu'on te regrette ! c'est quand on t'a perdue qu'on t'aime !

Coïncidence singulière : au pied de ce village où nous venons d'entonner le clairon du défi, était amarré, en 1814, le premier bateau du pont volant jeté sur le Rhin par les Alliés pour envahir le territoire français. Ils chantaient la *Marseillaise* de Maurice Arndt, alors, tous ces *franzosenfressers* aux fils desquels nous venons de chanter la *Marseillaise* d'Alfred de Musset! Ah ! comme nous avons pitié, en ce moment, de tous ces « mangeurs de Français ! » et comme je voudrais être dans cette petite barque de pêcheur qui se balance là-bas sur les flots, le long de la rive, parmi les joncs !

XVI

LE MAL VIENT SOUVENT EN DORMANT

Mardi 25 juillet.

Cela nous aurait manqué, en effet!

Toute ma vie, confiant dans l'intelligence des voleurs plus que dans leur honnêteté, j'ai laissé la clef sur la porte de ma chambre, que j'y fusse ou que je n'y fusse pas, et je n'ai jamais été volé — par cette excellente raison que je n'ai jamais eu rien à voler. Mais hier, instinctivement, machinalement, quand nous avons été rentrés, Daudet et moi, j'ai retiré la clef de notre chambre, et non seulement je l'ai retirée, mais j'ai donné deux tours à la serrure, comme n'eût pas manqué de le faire un bourgeois prudent ; puis je me suis couché, et, une fois couché, je me suis endormi du sommeil du juste.

Tout à l'heure, à la fine pique du jour, Daudet, tout habillé, m'a réveillé, et pendant que je m'habille, il me raconte ceci :

— Tu étais couché et tu dormais depuis une heure environ, lorsque moi, qui ne dormais pas, j'entends un bruit léger dans le corridor. Je me dresse sur mon séant et prête l'oreille : le bruit se rapproche de notre porte, et je comprends qu'une main cherche la clef pour l'ouvrir. J'ignorais alors que tu eusses pris la précaution de l'enlever. Je saute à bas de mon lit, je cherche dans la poche de mon pantalon le grand couteau que j'ai acheté à Paris, je l'ouvre et j'attends. J'allais t'appeler tout bas, connaissant la légèreté de ton sommeil le plus profond, lorsque le bruit cesse tout à coup dans le corridor pour reprendre dans la chambre voisine, habitée par le déserteur alsacien et son digne ami le petit juif allemand. Ils chuchotent, semblent se concerter sur ce qu'ils doivent faire, et, finalement, vont à la fenêtre pour s'assurer s'il n'y aurait pas moyen de tenter d'entrer chez nous par là, n'ayant pu entrer par la porte. Il y avait moyen, en effet, les deux fenêtres se touchant : il suffisait d'une enjambée pour passer de l'une à l'autre. Malheureusement, et heureusement, devinant leur projet, simple comme bonjour du reste, je me précipite vers notre fenêtre, je me penche en dehors : le déserteur avait déjà une jambe dans le vide. En m'apercevant il la retire précipitamment, retombe dans la chambre et je n'entends plus que des murmures étouffés, puis plus rien. Nos voisins avaient-ils renoncé à leur projet, ou cherchaient-ils un nouveau moyen de le mettre à exécution ? Dans le doute, il était prudent de rester éveillé. Je m'étais levé; je ne me suis pas recouché. Maintenant, tu en sais autant que moi. Voilà le jour : partons !

— Partons.

Nous sortons. La porte de la chambre de nos voisins est entre-bâillée ; je la pousse toute grande : il n'y a personne ! les oiseaux sont dénichés !

Nous descendons. Il est trois heures et demie du

matin à l'horloge de la salle commune du gasthof. L'aubergiste est levé et nettoie.

— *Rechnung* ? lui disons-nous.

Il va chercher sa femme, déjà occupée aussi. Elle nous dit ce que nous devons, et, en la payant, je lui demande ce que sont nos voisins de carré et ce qu'ils sont devenus.

— Mais nous n'en savons rien, *mein herr*, me répond-elle dans son français panaché d'allemand. Des ouvriers, sans doute. Ils sont venus hier et repartis ce matin avant trois heures.

Nous remercions et nous prenons congé de nos hôtes.

— Qu'en dis-tu, ami Daudet ? Attendons-nous ici quelques heures, ou nous mettons-nous en route maintenant, en suivant les bords du Rhin comme nous l'avons projeté hier devant ces misérables ?

— Partons et suivons le Rhin !

A la bonne heure !

ENCORE UN SOUVENIR D'HEBEL

Nous suivons le Rhin. Un sentier pittoresque — et dangereux. A gauche, à quarante ou cinquante pieds de nous, le fleuve, roulant ses ondes rapides. A droite, des vignes plantées de grands diables d'échalas qui n'en finissent pas. Ici des grottes, là des fourrés, des cachettes partout. Rien ne serait plus facile à deux chenapans, comme ceux d'hier, de se débarrasser de nous — si nous y consentions. Mais nous n'y consentirions pas.

Nous atteignons Schliengen sans avoir rencontré personne, ami ou ennemi. A Schliengen, plus moyen de longer le Rhin : il faut suivre la grande route. Encore un souvenir de la patrie par ici : en 1796, le

24 ou le 25 octobre, savante retraite de Moreau, poursuivi par l'archiduc Charles...

Matinée d'automne, brumeuse. Il fera chaud tantôt. Nous rencontrons des paysans qui nous saluent d'un *bonjour* amical auquel nous ripostons par un *guten morgen*, qui doit les étonner autant que nous étonne leur *bonjour*. C'est le seul mot français que nous entendions prononcer. Plus nous allons, et plus on hache de la paille à nos oreilles. Nous sommes dans les pays des *Ia*. Les hommes disent *ia*, les femmes disent *ia*, les oiseaux disent *ia*, les arbres disent *ia*, tout le monde dit *ia*. Nous donnerions beaucoup en ce moment pour entendre une Parisienne nous dire *oui*...

Nous laissons à notre gauche, vers le Rhin, d'où nous nous éloignons insensiblement, le village de Steinenstatt, et, à notre droite Manchen et Auggen, — des plaines à pain et des coteaux à vin. Mais quels échalas, bon Dieu ! quels échalas !

Voici Mullheim, à l'entrée de la vallée de Badenweiler.

> « A Mullheim, à l'*Hôtel de la Poste*, corbleu !
> Quels fameux vins l'on boit dans des pots d'étain bleu ;
> Ça coule comme l'huile, et l'hôte vous riposte :
> Qu'il fait bon à Mullheim, à l'*Hôtel de la Poste !* »

C'est le Markgrœfler que chante ainsi Hebel dans ses *Poésies allemaniques*, traduites par Max Buchon, que nous avons achetées à Bâle en même temps qu'une Carte routière de la Suisse. La carte ne nous servira probablement jamais ; mais les poésies d'Hebel nous serviront.

Il est neuf heures du matin. Nous estimons qu'ayant fait une demi-douzaine de lieues, nous avons bien le droit de casser une croûte et de boire un verre de bière. Nous n'allons pas à l'*Hôtel de la Poste*, où le vin est si bon : nous nous installons dans une brauerwerei où nous déjeunons frugalement, et où, après déjeuner, nous écrivons quelques lettres. C'est la seconde fois que nous donnons de nos nouvelles à Paris, mais sans donner notre adresse pour recevoir des réponses.

A Müllheim, beaucoup de maisons sont peintes, à l'extérieur et à l'intérieur, en vert tendre, — la couleur nationale, celle du Rhin. Nous faisons provision de tabac. Il n'est pas cher par ici, le tabac, mais il n'est pas bon ; et puis il est d'un gros ! C'est bien le tabac d'un peuple qui ne parle pas en fumant.

UN MEMBRE DE LA BURSCHENSCHAFT

En sortant de Müllheim, nous rencontrons sur la route un voyageur jeune, de physionomie intelligente, mais de vêtements plus délabrés que les nôtres. Petite casquette, paletot léger à brandebourgs, culottes collantes dans des bottes molles, — beaucoup trop molles, car elles lui tombent sur les talons comme des bas que ne retiendraient pas des jarretières. Il fume une pipe à fourneau de porcelaine, qu'il cesse de fumer pour nous dire — je ne sais quoi.

Nous lui répondons n'importe quoi. Il ne comprend pas plus notre français que nous n'avons compris son allemand. Bon voyage, alors ! Mais non ! il reste planté devant nous comme un point d'interrogation — à l'écuyère. Que veut-il ? Des renseignements ?

Il tombe mal : nous en recevons, nous n'en donnons pas. Peut-être est-ce quelque pauvre diable qui a dépensé son dernier silbergroschen au dernier gasthof de la route : nous sommes assez riches pour le prier d'accepter un ou deux thalers sans nous appauvrir.

— Prenez, prenez, monsieur ! lui dis-je.

— Oh !...

J'ai rarement vu une physionomie plus empourprée par la honte et par le chagrin.

— *Ein reisender handwerksmann !* répète-t-il plusieurs fois avec vivacité en faisant de grands gestes par lesquels il montre la route, ses bottes molles, nos pantalons à la zouave, son cœur, notre poitrine, le ciel, l'horizon. Oh !...

— Nous l'avons humilié, dit Daudet, il nous faut réparer tout cela par une cordiale poignée de main.

Et il tend la main au noble étranger, qui s'en empare avec enthousiasme, la serre dans les siennes, nous regarde tous deux — même moi ! — avec un attendrissement qui nous touche autant qu'il nous embarrasse, n'en connaissant pas la cause.

— *Ein reisender handwerksmann !* répète-t-il pour la dernière fois en nous secouant les mains en signe d'adieu.

Il part, il est parti, faisant de grands gestes et de grandes enjambées.

— C'est sans doute un membre de la Burschenschaft ? un étudiant voyageur ?

— Ou un compagnon du tour d'Allemagne. Mais quoi qu'il en soit, tu peux te vanter de l'avoir crânement humilié avec ton argent !

— Je ne m'en vanterai pas, car je le regrette, comme je regrette toujours d'avoir causé de la peine à qui ne m'en a pas fait.

HERMANN ET DOROTHÉE

A chaque instant, sur notre gauche, nous lisons cette inscription : *An Rhein*. Cela signifie que le sentier mène au Rhin, — mais qu'il ne faut pas le prendre, parce que nous serions forcés de revenir sur nos pas. Ces sentiers sont perpendiculaires au fleuve, mais non parallèles. Et cependant, à chaque instant, nous crions : *An Rhein! An Rhein!* C'est notre *all right*!

Sur notre droite, un cimetière au premier étage, fortifié, crénelé comme une palanque à ciel ouvert : pieux de ci, pierres de là. Je plains les soldats de la vie emprisonnés dans ce blokhaus ; ils n'en sortiront jamais, même au son de la fameuse trompette. Ils n'en sortiront pas, mais on peut y entrer, ces oies le prouvent en venant effrontément brouter l'herbe.

Ces oies prouvent encore autre chose : l'éternel circulus. D'où vient cette herbe? des morts qui sont dessous. Où iront ces oies? dans l'estomac des vivants qui sont dessus. Donc les vivants se nourrissent des morts...

Il est midi au soleil. Nous entrons dans un village, à Krischem, dont les habitants ont été avertis à la hâte de notre arrivée par les polissons d'avant-garde que nous surprenons jouant à l'entrée de tous les villages. On nous regarde passer comme si on n'avait jamais vu de gens à barbe rouge et à cheveux longs. Les femmes, sur le seuil de leurs chaumières, allongent le cou et se haussent sur la pointe des pieds, pour mieux nous voir.

Devant nous, plantés au beau milieu du chemin, deux bambins, un garçonnet de huit ans et une fillette d'autant, — tous deux en haillons, pieds et jambes nus, elle avec un fragment de jupon, lui avec un fragment de culotte. Ils causent avec une animation extrême, des choses très tendres évidemment. En nous apercevant, Dorothée cesse d'écouter son jeune amant pour nous regarder passer ; mais Hermann ne daigne pas s'interrompre, lui! c'est bon pour les grandes personnes, la curiosité !

Il fait très soif. Nous entrons au hasard dans une maison, et nous y demandons de la bière : on nous apporte une bouteille de vin blanc. Dans les gasthaus (ou gasthofs, *ad libitum*), on ne débite que du vin. Dans les brauerwereis, — on ne débite que de la bière.

J'avale le vin blanc de Krischem comme Socrate dut avaler la ciguë. Socrate l'avait bien mérité, en sa qualité de sage et d'homme de génie : mais moi?...

LA VILLE FANTASTIQUE

Nous marchons toujours, et la journée seule avance. Nous avons laissé à notre droite et à notre gauche un tas de villages où peut-être nous n'eussions pas trouvé à nous loger. On ne comprend pas assez notre français, dans ce pays, et nous n'en comprenons pas assez l'allemand. Il nous faut une ville pour cette nuit, — mais une ville des bords du Rhin. Oh ! le Rhin! toujours le Rhin ! *An Rhein !*

Nous serrons le fleuve sacré vers Bremgarten. Après Bremgarten, Hartheim, Bingen, Hausen, Gretzhausen. A partir de là, devant nous, Alt-Breisac émerge de la plaine et du Rhin, à notre grande joie. A vue de nez, dans une heure nous aurons atteint l'ancienne capitale du Brisgau et l'ancienne clef de l'Allemagne, qui, à cette distance, ressemble beaucoup au Mont-Saint-Michel. Il est cinq heures, nous sommes fatigués : mais la vue de cette petite ville, le port de grâce, nous réjouit, et nous nous imaginons déjà être arrivés. Mais la route que nous suivons fait tant de lacets que, plus nous marchons et moins nous avançons, — à croire que chaque pas en avant est un pas en arrière. N'atteindrons-nous jamais cette Galathée de moellons qui se cache et se montre sans cesse derrière ses saules de nuages? Assurément nous sommes dupes d'un mirage.

Fantasio est exaspéré, enfiévré : pour un peu il aurait une attaque de nerfs. C'est la première fois que je le vois ainsi. Cette ville maudite qui fuit devant nous à mesure que nous marchons est en effet exaspérante. Je ne dis rien, mais je n'en rage pas moins. Passe une carriole couverte, dans laquelle sont encaquées cinq religieuses de je ne sais quel ordre : elles ne se contentent pas de nous regarder en passant, elles se penchent aux portières après nous avoir dépassés. Est-ce la jeunesse de mon compagnon qui les a frappées? Est-ce notre fatigue, visible à notre pâleur et à notre poussière? Est-ce la curiosité de simples mortelles? Je n'en sais rien et je ne m'en occupe pas davantage, — non plus que Fantasio, occupé en ce moment à administrer de grandissimes coups de canne à la route, comme si c'était une personne et qu'il la rendît responsable de la coquinerie des habitants qui ont des *lieues de pays* si longues, des lieues de six kilomètres au lieu de quatre...

Enfin, nous touchons du pied à cette ville que

nous n'avions touchée jusqu'ici que des yeux. Huit heures sonnent à l'église Saint-Etienne au moment où nous entrons dans l'ancienne clef de l'Allemagne.

Nous avons fait aujourd'hui une douzaine de lieues — de pays.

OU IL EST PROUVÉ QUE LORSQU'UNE JEUNE FILLE LOUCHE, IL NE FAUT PAS QU'ELLE SE FASSE OPÉRER

Quoique éreintés, nous nous redressons fièrement sous notre poussière pour faire notre entrée plus triomphale, et nous dédaignons de nous arrêter au *Gasthaus zum wild mann* qui nous tend les bras, pour grimper au sommet de la ville et y chercher une auberge d'où nous puissions voir le Rhin, que nous n'avons pas vu depuis ce matin.

On nous regarde beaucoup, — beaucoup trop. A Strasbourg, cette curiosité des passants me gênait : ici, elle me fait rire. Tous ces gens-là ont beau être effrontés, nous le sommes davantage. Pas d'auberge au sommet d'Alt-Breisach. En revanche, une plate-forme d'où nous jouissons, pendant quelques minutes, d'un magnifique panorama. A nos pieds, le Rhin, tranquille et fier du progrès de ses eaux. En face de nous, sur l'autre rive, la rive française, Neuf-Brisach, dont les canons du fort Mortier ont l'air de nous menacer, et, au bout de la vallée de Münster, les montagnes vosgiennes, — parmi lesquelles le Hohneck, qui a failli être notre Mont-Cervin... Nous descendons aussi fièrement que nous sommes montés, et l'on nous regarde avec la même effronterie.

Nous revoilà sur une grande place, à l'entrée de la ville. En face de nous est l'auberge de *l'Homme Sauvage*. dédaignée tout à l'heure; mais, en face du *Gas'haus zum wild mann* est une autre auberge à la fenêtre de laquelle est accoudée une jolie petite servante qui nous regarde comme tout le monde. Allons vers la petite servante à la frimousse curieuse!

Nous entrons dans le gasthaus : la petite servante s'enfuit, effarouchée par nos mines rébarbatives, et une dame d'âge la remplace aussitôt.

— *Wir wollen trinken, essen, und schlafen*, lui disons-nous en nous asseyant.

— *Ia*, répond-elle.

Tiens! On commence à nous comprendre. Est-ce bien possible? Hacherions-nous donc proprement de la paille? Pour nous en assurer, j'ajoute, m'adressant à la vieille dame :

— *Swei bettes?...*

— *Ia, ia!* *répond-elle* obligeamment.

Nous aurons deux lits! Donc nous aurons à coucher, donc nous aurons à manger, donc nous aurons à boire.

La *jung frau* que notre entrée avait effarouchée revient pour mettre notre couvert, et nous pouvons l'examiner à notre loisir. Elle est plus jolie encore que je ne l'avais soupçonné; accorte, fraîche, rose, blonde, savoureuse au possible. Nous la mangeons des yeux avec plus d'appétit que des dents notre souper — bien qu'il soit appétissant aussi. Ce qui ajoute à notre dyspepsie, c'est notre excès de fatigue. Ce qui ajoute à notre admiration pour la jung frau, c'est le strabisme de celle-ci : louche, cette enfant, comme jamais je n'ai encore vu de femme loucher, et cela prête à son visage un charme étrange, irrésistible. Quand elle regarde Daudet, je crois que c'est moi qu'elle regarde, et quand elle me regarde, je crois qu'elle regarde mon compagnon, — ce qui, aux joies de la vanité, ajoute les tourments de la jalousie.

— Cette jung frau m'en rappelle une autre, dis-je à Fantasio.

— J'aime mieux celle-ci, n'ayant pas vu l'autre.

— Peut-être as-tu raison. Mais écoute l'histoire de l'autre : elle en vaut la peine.

— J'écoute, ne pouvant faire autrement.

— Il y avait l'année dernière, dans une brasserie du quartier Latin, une jeune servante qui était très courtisée des habitués, mais qui ne se laissait courtiser que par un seul d'entre eux, que tu as connu, Michallier...

— Je le connais en effet, mais comme on connaît la migraine : un grand garçon, ennuyeux et prétentieux !

— Margareth n'était point de ton avis, elle voyait Michallier avec des yeux plus favorables... Il est vrai qu'elle louchait...

— Comme notre jung frau, qui louche si gentiment, du reste, qu'il serait vraiment regrettable qu'elle ne louchât point !

— C'était aussi l'opinion de Michallier sur Margareth, une fort jolie petite Alsacienne. C'était ce strabisme qui lui avait plu et qui lui plaisait au point que, comme Margareth était une fille sage, je crois qu'il l'eut volontiers épousée...

— Épousée ! Oh ! oh !

— Oui, épousée. Michallier est un peintre qui n'aura peut-être jamais de talent, mais qui gagne sa vie à faire des natures mortes; il n'a jamais eu l'intention de prendre la reine de Saba pour femme, ses goûts sont plus simples. Et la preuve, c'est qu'il s'est marié le mois dernier...

— Avec Margareth?...

— Attends. Donc, Margareth aimait Michallier, et Michallier aimait Margareth. Ils se l'étaient dit plusieurs fois à la dérobée, à l'insu de la patronne et des habitués, et d'une façon si sérieuse que l'on pouvait considérer le mariage comme certain... Mais ne voilà-t-il pas que cette pauvre bête de Margareth, voulant faire à Michallier un cadeau de noces et une surprise, s'avise d'aller trouver un matin le docteur Baudens et de le prier de lui faire la section de ses muscles oculaires! Le disciple français de Stromeyer, souvent heureux dans cette opération délicate, prouve une fois de plus son habileté, et Margareth revient toute fière avec un bandeau sur les yeux comme l'Amour. Michallier ne savait rien, sinon qu'elle avait un bandeau; mais ce bandeau, il s'imaginait bien qu'elle l'ôterait un jour ou l'autre pour lui laisser admirer ces bons chers yeux si singuliers dont il raffolait. Margareth le fit attendre quinze jours. Le matin du quinzième jour, comme il entrait dans la brasserie, elle lui apparut, rayonnante, la poitrine soulevée par l'émotion. « Est-ce que Margareth n'est plus ici? » demanda-t-il, ému lui-même mais d'une autre émotion et attristé par la pensée que l'on avait renvoyé sa maîtresse... Margareth s'approche de lui sans lui répondre. « Où donc est Margareth? » répéta-t-il. « C'est moi, cher Joseph! » répondit enfin la jeune fille. Michallier se recula avec effroi, et, après avoir contemplé sa maîtresse pendant une minute, il poussa un cri et s'enfuit, sans se retourner. Margareth louchant était originale ; mais Margareth ne louchant plus était affreuse !...

— J'excuse Michallier. Il est probable qu'à sa place j'en eusse fait autant.

— Pourtant, la pauvre fille n'était coupable que d'un excès d'amour! C'était de l'héroïsme, sa visite chez le docteur Baudens !

— Sans doute, mais la visite de Michallier, avec elle, chez monsieur le maire de leur arrondissement, eût été de l'héroïsme aussi !

— *Meine herren*, nous dit la vieille dame, *wollen sie sich gefälligst in's Fremdenbuch einschreiben?*

Nous n'avons pas compris sa phrase, mais nous comprenons son geste : elle nous présente son livre d'auberge pour que nous y inscrivions nos noms, prénoms et qualités. J'inscris mon nom avec cette mention à la suite : *fabricant de truffes en mérinos*, et Daudet le sien, avec cet agrément : *ministre plénipotentiaire de S. M. la reine Mab auprès des cours — et tribunaux de l'Europe*. Puis, comme nous devinons bien que notre hôtesse attend nos passeports, nous les lui remettons. Voilà quarante sous d'honorabilité bien employés !

TENTATIVES — MALHEUREUSES — DE PRONONCIATION ET DE SÉDUCTION

Nous avons soupé, nous sommes fatigués. Au dortoir !

La jolie petite fraulein aux yeux de travers nous montre le chemin, toute rougissante. Pourquoi rougit-elle? L'escalier est large, elle monte lentement devant nous, se retournant à chaque marche pour nous éclairer, et, à chaque marche, sa rougeur augmente. Pourquoi sa rougeur augmente-t-elle? Au premier étage, elle s'arrête, ouvre une porte, la pousse et nous fait signe d'entrer. Nous entrons. Elle reste sur le seuil, nous tendant la chandelle, et plus rougissante que jamais.

— Entrez donc, mon enfant! lui dit doucement Fantasio.

Je ne connais bien qu'une phrase d'auvergnat rhénan et j'éprouve le besoin de la placer — à gros intérêts — sur les joues de pêche de la petite fraulein :

— *Ich liebe sie*! lui dis-je en avançant les bras comme Ixion vers Junon, et en ne saisissant que du vent, comme le roi des Lapithes.

La jeune fille aux yeux de travers est déjà au bas de l'escalier, d'où nous entendons bientôt gazouiller une couvée d'éclats de rire étouffés.

— *Frau! Frau! Fraulein! Jung-Frau!*

Les éclats de rire redoublent.

— Elle ne remontera pas! dit Fantasio, mécontent de ma maladresse.

— Elle remontera, tu vas voir!

Et, prenant le premier vase qui me tombe sous la main, je le jette avec force sur le carreau où il se brise. Puis j'appelle de nouveau :

— *Frau! Frau! Fraulein! Jung Frau!*

La jung frau reparaît, rougissante, une chandelle à la main.

— *Was steht zu Ihren Diensten, meine herren?* demanda-t-elle, n'osant s'approcher.

— Il y a, ma chère, que vous êtes une petite sotte, ou que nous sommes de grands sots. Vous voyez bien ces bottines et ces guêtres? Il faut nettoyer cela sans y mettre de cirage... Vous comprenez bien? sans cirage! Ce cuir-là ne se cire jamais...

Elle n'a pas l'air de comprendre. Comme je tiens à ce qu'elle ne noircisse pas nos mocassins, et comme je vois qu'elle ne comprend pas mon français, je lui prends le bas de la jambe et fais le geste d'essuyer la poussière qu'elle n'a pas sur ses souliers. Elle rougit plus fort que jamais et essaye de retirer sa jambe prisonnière. Mais j'ai le poignet solide.

— *Mein herr !*... murmure-t-elle d'une voix suppliante.

— Il n'y a pas de *mein herr* qui tienne ! Je ne veux pas que vous ciriez nos bottines de chasse... Ce ne sont pas des bottes, que diable !... Vous vous contenterez de les brosser... comme je fais de votre pied... en ce moment...

— Ah ! *mein herr!*...

Comme elle murmure ces mots, la chandelle lui tombe des mains.

— Ah ça ! vas-tu la laisser tranquille? me crie Fantasio exaspéré.

La fraulein fait un dernier effort et se délivre.

— *Schlafen sie wohl, mein herr!* dit-elle en s'enfuyant.

Que je dorme bien? Ah ! de l'ironie !...

Pourvu qu'elle ne cire pas nos bottines !

XVII

AVANT-DERNIÈRE ÉTAPE

Mercredi 26 juillet.

Horriblement fatigués : nous faisons la grasse matinée. Nous surmenons nos pieds, ils en deviendront fourbus et ne pourront plus nous porter. Faut-il que nous ayons un fier paquet de nerfs pour marcher aussi résolument en mangeant si peu !

Déjeuné à dix heures. La frauleinnenous sertpas ce matin, c'est la vieille dame. Nous partons.

Ah ! nous avons mangé notre Rhin blanc le premier ! Maintenant, quoi que nous fassions, nous nous en éloignons. Trop d'écarts dans la plaine, et trop de plaines aussi! Mes yeux en sont gavés comme ils l'ont été de montagnes dans les Vosges.

Encore trois ou quatre villages traversés : Ihringen, Achkarren, Bichensohl, Nieder-Rothweil, Ober Rothweil. N'est-ce pas par ici que fut arrêté le duc d'Enghien?... O politique!... Il est une heure de l'après-midi : nous voici à Burkheim, un vrai village allemand qui monte et tourne à s'y perdre.

C'est l'heure du dîner. Gens et vaches reviennent des champs. Nous entrons dans le premier gasthof venu, pour échapper à la curiosité des gamins. Les gamins, ici, ne ressemblent pas aux nôtres : ils ne saisissent pas aussi promptement le côté comique des choses, ils mettent trop de temps à réfléchir. Quand ils songent à se moquer de nous, nous sommes loin.

Ce gasthof est propre, mais pauvre. Tables en

chêne, bancs de bois, gros poêle, horloge de la forêt Noire, *schenk* garni. Le *schenk* est le cellier, l'endroit réservé de tous les cabarets allemands où l'on met les verres, les bouteilles, la vaisselle, — une façon d'office visible. Tableautins peinturlurés de la rue Saint-Jacques, images de sainteté et de mélodrame, la Passion de Notre-Seigneur et la fuite de Mazeppa. Solives au plafond. Cornet à piston accroché à côté d'une veste de travail. Déjeuner frugal. Nous repartons aussitôt dans la direction de Sasbach.

Sieste à la corne d'un bois, sur la hauteur, entre Burkheim et Sasbach, où nous revoyons enfin notre vieux Rhin avec ses îlots de verdure qui ressemblent à de petites forêts. Nous avons rencontré quelques goîtres sur notre chemin : est-ce que l'eau du Rhin serait mauvaise?...

Vers cinq heures, nous arrivons à Sasbach, le plus pittoresque, peut-être, de tous les villages que nous avons vus jusqu'ici, et nous échouons à l'auberge du *Lion* (*Gasthaus zum Löwen*). Nous donnons son picotin à la Bête, qui réclame aussi haut que la Belle ses satisfactions quotidiennes. Quoique, depuis sept à huit jours, nous soyons dans cette position singulière d'avoir un appétit féroce et de ne pouvoir manger une fois à table, nous persistons à nous faire servir à souper. L'hôte du *Lion* a envoyé quérir son fils, un grand jeune homme blond qui, seul de la maison et du village, parle une contrefaçon de français appris au « collége de Saint-Hippolyte », près de Guebwiller : cela nous permet de demander et d'obtenir ce que nous désirons — un souper abondant auquel nous ne touchons que du bout des lèvres, et deux lits moelleux où nous enfonçons jusqu'au bout du nez.

XVIII

ALPHONSE DAUDET, BURGRAVE DE LIMBOURG

Jeudi 27 juillet.

Réveillés à six heures du matin par Franz, le fils de notre hôte, que nous avons adjoint comme guide à notre guide — qui nous joue décidément trop de farces. Excursion à une lieue de là, au vieux schloss du Sponeck, au sommet d'une montagne bordant le Rhin. Nous avons passé derrière lui, hier, sans nous en douter. Nous montons, humant en guise d'absinthe l'air frais du matin, car nous avons la ferme intention de *manger* quelques-unes de ces fameuses carpes du Rhin, qui n'ont aucun rapport avec les vaseuses carpes de Fontainebleau, et justement, en haut de la montagne, collé aux flancs du vieux burg comme un insecte parasite, il y a un gasthaus destiné aux touristes — riches.

Arrivés à l'*Auberge du vieux grand-duc Léopold* (le père du duc régnant), nous passons quelques heures assis sur un pan de muraille, les pieds ballant dans le vide, les yeux errant à l'horizon. En face de nous, la chaîne des Vosges, où nous distinguons le *Ballon d'Alsace*. Au-dessous des Vosges, dans la plaine, des centaines de villages alsaciens qu'éclairent des échappées de soleil. A gauche, dans la brume matinale, la ville d'Alt-Brisach où nous avons couché avant-hier. A nos pieds le Rhin, tantôt fougueux et comme poussé en avant par le clairon des batailles, tantôt calme, serein et toujours clair, — d'où son nom, *rhein*. De longues barques aux voiles latines le remontent, en laissant derrière elles un sillon d'argent. De longues barques le descendent, chargées de pierres grises à destination de Kehl ou de Strasbourg ; deux hommes sont à l'avant, debout, chacun manœuvrant une rame ; au milieu, un autre marinier écope le bateau ; à la poupe, droit, calme, presque majestueux, se tient l'homme de la barre. Spectacle merveilleux dont nous avons peine à détacher nos yeux !

Franz, qui n'a pas les mêmes enthousiasmes que nous, apporte trois verres d'absinthe pour nous faire prendre patience en attendant le déjeuner. Il nous semble boire un verre de l'eau du Rhin, verte en ce moment.

Bientôt la nappe est mise sous une tente qui nous abrite du soleil, et, adossés aux ruines du vieux schloss, nous faisons honneur à de savoureuses carpes frites et à une plantureuse omelette au persil arrosées de quelques bouteilles d'un vin jaune d'or excellent, — quoique ce ne soit ni du Markgrafler ni de l'Affenthaler. C'est du vin du Rhin ! de votre Rhin, braves Teutons !

« Si vous oubliez votre histoire,
Vos jeunes filles, sûrement,
Ont mieux gardé notre mémoire.
Elles nous ont versé votre petit vin blanc !
Nous l'avons bu, votre Rhin allemand ! »

— Burgrave du Sponeck ! s'écrie Fantasio, ravi.

en se levant pour me faire honneur, tu m'as offert un déjeuner dans ton schloss, je te rendrai un souper dans le mien, le burg de Limbourg!...

Nous ne quittons qu'à regret le Sponeck, — où certainement je reviendrai m'installer l'année prochaine, si Dieu me prête vie jusque-là, — et nous redescendons vers Sasbach à travers des sentiers ombreux et fleuris que connaît Franz, heureux d'avoir pu enfin utiliser le français dont il fait provision au « collège de Saint-Hippolyte ».

Six heures du soir.

Le schloss du Limbourg était moins difficile à découvrir que celui du Sponeck : nous nous y sommes rendus en moins d'une heure, en suivant le Rhin, après avoir emporté du gasthaus du *Lion*, roulés dans la couverture, du pain, du radis noir et des charcuteries variées.

Au Limbourg, ruine plus pittoresque que le Sponeck, il n'y a pas d'auberge, et cela n'en vaut que mieux. L'accès en est malaisé et les touristes y sont rares, quoiqu'on y jouisse d'une vue admirable. Les assises de ce burg, c'est-à-dire le rocher lui-même, ne sont pas entamées; mais, du burg proprement dit, il ne reste rien que les quatre murs, avec les cadres des fenêtres, par lesquels on aperçoit les pays d'alentour, qu'on domine comme de son aire l'aigle domine la plaine. Une aire féodale, en effet, ce schloss !

Nous avons fait une longue sieste à l'ombre d'un grand pan de muraille lézardé de haut en bas et que nous nous attendons à voir tomber sur nous d'un moment à l'autre. Après la sieste est venu l'appétit.

— Burgrave de Limbourg ! ai-je dit à Daudet, l'estomac du pauvre sire de Sponeck vous somme de tenir votre promesse de ce matin...

Nous déroulons la couverture, nous déficelons les provisions — et nous reculons épouvantés. Des myriades de fourmis ont envahi le pain ; les charcuteries variées sont avariées ; le vin de la gourde est aigri ; il ne reste d'intact que les rouelles de radis noir — que je n'aime pas... Il est joli, le souper du burgrave de Limbourg ! C'était bien la peine de crier, en mettant le pied sur la plate-forme :

« Sonnez, clairons, ainsi que pour un roi ! »

Comme voyageur, je n'ai pas à me plaindre, m'attendant à tout ; mais, comme roi, la réception que Daudet m'a faite laisse un peu à désirer.

Nous revenons souper plus sérieusement au *Gasthaus zum Löwen*, et nous nous hâtons, parce qu'un orage se prépare. Il se prépare même si bien qu'il éclate sur nos têtes, et nous n'avons que le temps de nous réfugier sous un abri en planches du cabaret du passeur, à l'entrée du village, d'où nous assistons au retour des bateaux, chargés de joncs et de roseaux coupés dans les îles. C'est exactement le *Retour de la fenaison* de Leleux. Le tonnerre gronde, le ciel se fait noir et le Rhin devient jaune. Cela promet pour demain !

XIX

LE NAUFRAGE DE LA SÉMILLANTE

Vendredi 28 juillet.

Réveillés à quatre heures du matin par Franz, qui nous annonce que les deux bateliers, retenus par nous hier, sont arrivés, demandant si nous persistons à nous rendre au pont de Kehl. Le Rhin à grossi subitement d'un mètre, et il fait vagues comme la mer. Nous répondons que nous persistons d'abord parce que nous avons résolu de partir aujourd'hui, ensuite parce que c'est aujourd'hui vendredi, jour de malheur, et que la prudence, panachée de superstition, devrait nous empêcher de partir...

Nous remercions Franz, et aussi notre guide — dont nous n'avons plus besoin maintenant, puisque nous pouvons nous noyer tout seuls — et nous allons gagner notre barque, amarrée dans une petite anse, derrière un bouquet de saules.

Ce n'est pas une barque, c'est un *you-you* — ou plutôt une coquille de noix. Les gens d'ici l'emploient pour le service des îles, je comprends cela ; mais jamais ils ne s'aventureraient en plein Rhin sur une si frêle embarcation. Nos deux bateliers ont voulu, sans doute, faire un essai — à nos dépens. Va pour l'essai !

Nous sommes installés au fond de notre coquille de noix, qui oscille d'une façon inquiétante à chaque mouvement de nos mariniers, dont le plus jeune est à l'avant et le plus vieux à l'arrière — notre Palinure ! Tous deux, debout, pagayent avec une tranquillité digne d'un meilleur bateau.

Nous sortons du petit bras du Rhin ; nous voilà au beau milieu du fleuve, qui roule ses ondes avec un bruit sinistre. Que lui est-il donc arrivé pendant la nuit, pour qu'il soit si rébarbatif, le vieux père Rhin ? Saurait-il par hasard que c'est nous qui, l'autre nuit, avons chanté avec tant de frénésie les strophes enflammées d'Alfred de Musset, et voudrait-il se venger de la France sur nos humbles personnes ?

Palinure sourit aux vagues. Le you-you saute comme un cabri. Les deux rives du fleuve filent avec rapidité, quoique nous ayons le vent debout. De temps en temps, des voix hèlent nos mariniers, leur demandant, sans doute, où ils vont avec leur pirogue, car ils répondent : *Strasburg !* et à mesure qu'ils avancent : *Stadt !* Cris d'étonnement et d'incrédulité. Palinure et son compagnon rient de bon cœur. Fantasio et moi nous ne rions pas. Pourvu que les sœurs de nos carpes d'hier ne les vengent pas aujourd'hui, en nous mangeant à notre tour — sans nous faire frire !...

Une populace de vagues se rue sur nous et nous crache au visage... La traversée du Havre à Honfleur se fait plus paisiblement. On prétend que le Rhin est un fleuve ; je prétends, moi, que c'est une mer, avec ses caprices et ses fureurs. Je commence à regretter le plancher des vaches. Zalas! Zalas! frère Jean! je naye! je naye! Bou... bou... bou! bou!... Zalas!... je naye!...

Pour réconforter mon âme, que rongent les affres du *trac*, Daudet me raconte dans tous ses détails l'épouvantable naufrage de la *Sémillante* sur les côtes de Corse. Il me dit comment on a retrouvé, échoués, l'équipage et les passagers, avec les attitudes que chacun avait au moment du sinistre : le capitaine, en grand costume, l'aumônier en chasuble, les soldats en uniforme, et par grappes... C'est un horrible récit! Avec cela Daudet y met une sauvage éloquence qui m'impressionne vivement — d'autant plus vivement que je m'aperçois que les *agrafes* en sapin clouées à la hâte sur le bord du you-you pour le jeu de la pagaie sont en train de se déclouer... Elles se déclouent!... La pagaie du marinier de l'avant rame à faux et le you-you tourne subitement comme un toton. Je veux m'assurer qu'au moins les agrafes du gouvernail sont intactes : je les vois éclater en deux comme des allumettes... Palinure sourit pendant que son compagnon jure tous les jurons de son répertoire, aussi bien fourni que celui de frère Jean des Entommeures. Décidément les carpes que nous avons mangées hier au Sponeck seront vengées! Nous sommes *frits*, nous aussi!...

« Oh! qu'elle était puissante et belle,
La *Sémillante*, à son départ!
Des fleurs ceignaient son étendard,
Un vent de gloire enflait son aile ;
Aux guerriers qui chargeaient ses ponts
Les flots soumis semblaient sourire...
Calme imposteur! fatal sourire!
O mer, rends-nous nos légions !

Les vents sifflent, là foudre gronde,
La mer ouvre son lit sans fond ;
Sous le poids du mât qui se rompt
Le vaisseau s'abîme dans l'onde.
Mais, des destins victorieux,
Vainqueurs par leur mâle énergie,
Les héros, en quittant la vie,
Ont des chants pour derniers adieux.
Les braves sont tombés, mais l'airain des batailles
N'a point sonné pour eux le glas des funérailles !... »

— De qui ces vers, ami Fantasio ?

— De Francis Tesson.

— Ah !

Le you-you embarque un peu d'eau. Si cela continue, il faudra écoper. Avec quoi? il n'y a pas d'écope, nos mariniers de Sasbach n'en ayant jamais besoin. Le danger que nous courons — malgré le sourire de Palinure — me trouble à ce point l'esprit que j'accouche d'une calinotade.

— Pourquoi, dis-je à Fantasio, ne fait-on pas un petit trou au fond du bateau? L'eau qu'on embarque pourrait s'écouler et on ne serait pas menacé de couler.

Fantasio, quoique aussi inquiet que moi de la danse de Saint-Guy du you-you, sourit comme Palinure.

« Quand donc reverrons-nous la flèche de Strasbourg ? »

Nous l'apercevons enfin cette flèche. Encore un peu de patience et nous apercevrons aussi le pont de Kehl. Nos rameurs dépensent ce qui leur reste d'huile de bras : ils auront bien gagné les vingt francs promis.

Onze heures. Nous abordons sur la rive française,

où s'amassent les curieux attirés par le bruit d'un sinistre occasionné par la crue subite du Rhin (l'établissement des bains a sombré).

Au moment où nous mettons le pied sur le sol de notre patrie, le chef de la douane nous demande nos passeports. Ah! enfin!... Et, tout joyeux, nous allons déjeuner au cabaret de l'île des Epis, emmenant avec nous Palinure et son compagnon...

Attendrons-nous ici l'argent que nous avons demandé à Paris et qui nous est nécessaire pour aller jusqu'à Mayence? ou retournerons-nous chercher nous-mêmes cet indispensable viatique? Fantasio est malade... Je suis fatigué de plaines et de montagnes... Retournons à Paris (1).

(1) Samedi 29 juillet. — Partis hier de Strasbourg, par l'express de cinq heures et demie, après avoir acheté chacun une paire de gants de chevreau pour dissimuler les avaries de notre costume, qui, pour la seconde et dernière fois — mais celle-ci avec raison — a fait l'étonnement des Strasbourgeois. Il est cinq heures du matin: nous voilà pataugeant dans le macadam parisien. Comme nous sommes loin des Vosges, de l'Alsace et de l'Allemagne!

FIN

TABLE DES MATIÈRES

Emile Colin — Imprimerie de Lagny.

www.ingramcontent.com/pod-product-compliance
Ingram Content Group UK Ltd.
Pitfield, Milton Keynes, MK11 3LW, UK
UKHW020114200726
13856UKWH00002B/544

9 782011 931931